감정의 틈, 은혜의 빛

# 감정의 틈,
# 은혜의 빛

### Grace Is Enough

코트니 피델 지음

권명지 옮김

내 마음을 할퀴는
30개의 못난 감정에
복음이 답하다

국제제자훈련원

하나님은 완벽한 사람, 모든 것이 갖춰진 사람을 택하지 않으십니다. 하나님은 깨어진 사람, 부서진 사람, 망가진 사람을 택하여 자신의 영광을 드러내십니다. 그런 면에서 이 책은 자기 안에 있는 깨어짐의 깊은 골짜기, 부서진 데, 모난 데를 보며 마음 아파하는 분들을 위한 위로와 격려의 책입니다. 하루에도 수십 번의 감정적인 요동으로 마음에 평정심을 잃은 성도들이 그 모난 틈을 비집고 들어오는 하나님의 은혜의 빛을 보게 해줍니다. 특히 세상적인 관점에서 비교하고, 감정이 상하고, 질투하고, 우울하고, 불안해하는 여성도들의 마음을 같은 입장에서 잘 짚어주면서도 말씀을 통한 복음적 위로를 경험하게 돕습니다. 이 책을 통하여 "주님 한 분만으로 나는 충분합니다"라는 깊은 신앙 고백이 성도들의 심령 속에서 터져나오기를 기대합니다.

오정현 사랑의교회 담임목사

《감정의 틈, 은혜의 빛》은 따뜻한 책이다. 우리 마음을 고요한 호수가 되도록 도와주는 책이다. 저자는 자신의 감정을 조용히 바라보며, 그 감정을 다스리는 법을 친절하게 알려준다. "완벽하지 않아도 괜찮다"라는 하나님의 음성을 전해준다. 어두운 감정을 밝히는 은혜의 빛이 얼마나 아름다운지 알려준다.

이 책을 통해 정죄하지 않고 비판하지 않고, 있는 모습 그대로를 품어주시는 하나님의 사랑을 배웠다. 일상에 담긴 하나님의 풍성한 은혜를 깨달았다. 저자가 들려주는 다정한 위로에 공감했다.

힘들게 아이를 키우며 감정이 요동치는 엄마들, 목회자의 아내가 되어 여러 감정의 골짜기를 경험하는 사모님들, 그리고 다양한 감정에 빛을 비추시는 하나님의 은혜를 갈망하는 분들에게 추천하고 싶은 책이다.

강준민 L.A. 새생명비전교회 담임목사

**사랑하는 우리 딸,
애니스턴과 엘리엇에게**

내 영감의 원천이 되어줘서 고맙구나.
너희가 자유롭게 은혜를 주고받는 모습을 보며
하나님 아버지의 사랑을 더 배워 간단다.
나는 너희를 믿어. 사랑한다.


**곳곳에서 각자의 시절을 지나고 있는 모든 여성에게**

하나님은 당신을 사랑하시고 살피십니다.
당신의 모습 그대로 충분합니다.

# 차례

◆ 일러두기
1. 본문에 사용된 성경 본문은 한글은 개역개정역이며, 다른 역본을 사용한 경우
   따로 표시하였습니다.

✦

시작하는 말

# 그 은혜가 나에게도 충분합니다

우리가 다 그의 충만한 데서 받으니 은혜 위에 은혜러라.

요한복음 1장 16절

나는 예수님을 따르는 사람이고, 두 아이의 엄마이며, 목회자의 아내입니다. 그리고 깨어진 사람이기도 합니다. 그리스도인으로, 그리고 교회의 리더로 살아가면서 항상 잘 해내야 한다는 부담을 많이 느꼈습니다. 내가 매일 겪는 고충을 철저히 감추고, 항상 웃는 얼굴로 다녀야 한다고 믿었습니다. 나는 내 단점들을 부끄럽게 여겼고, 아무도 그것을 알아채지 못하길 바랐습니다.

하지만 이런 생각들은 스스로에게 하는 거짓말에 불과함

을 이제는 압니다. 이러한 거짓말들은 원수가 우리를 해하려는 못된 의도로 우리 마음에 심어 놓은 것이었지만, 이제는 오히려 이를 통해 예수님의 이름으로 치유와 능력 그리고 자신감을 얻는 법을 터득하게 되었습니다.

나는 코트니입니다. 나 역시 다른 사람들처럼 종종 참을성이 바닥을 치곤 합니다. 여러 불안한 생각들과 씨름합니다. 버럭 화를 내기도 하고, 자격 미달이라는 생각도 자주 듭니다. 끊임없이 눈에 보이는 무언가를 내놓으려고 애쓰는데, 주변의 기대에 부응하지 못할 때면 나도 모르게 위축됩니다. 이런 생각에 힘들고 지칠 때가 많습니다. 그리고 나만 그런 것이 아님을 알고 있습니다.

이 글을 읽고 있는 당신도 때때로 나와 같은 불안과 불안정을 느끼고 있으리라 생각합니다. 하지만 우리가 계속 이렇게 살아갈 필요는 없습니다.

우리에게는 넉넉한 은혜가 있습니다.

내가 말하는 은혜는 이 세상에서 사람들이 서로에게 베푸는 '호의'가 아닙니다. 주님의 충만하심에서 비롯되는 완벽한 선물을 말합니다. 그 은혜는 순수하고 모든 것을 덮어버립니다. 그것은 무조건적인 은혜로, 누구나 자유롭게 받을 수 있습니다. 바로 예수 그리스도로부터 흘러나오는 영원한 은혜입니다.

로마서 5장 20-21절

그러나 죄가 더한 곳에 은혜가 더욱 넘쳤나니, 이는 죄가 사망 안에서 왕 노릇 한 것같이 은혜도 또한 의로 말미암아 왕 노릇 하여 우리 주 예수 그리스도로 말미암아 영생에 이르게 하려 함이라.


남편 마일스와 함께 앨라배마주 오번 커뮤니티 처치를 시작했을 때, 나는 20대 중반이었고 그 나이에 어울리게 미숙한 상태였습니다. 목사의 아내로서 내 위치를 제대로 갖추지 못했을 뿐만 아니라, 갑자기 내 삶이 훤히 다 보이는 어항이 된 것만 같은 기분이 들었습니다. 모든 사람이 나를 지켜보고 있고 언제 실수하나 눈여겨보고 있다는 생각이 들어, 우리 가정은 완벽하다는 가면을 쓰고 나의 부족함과 수치심을 감추려 했습니다.


하지만 곧 나는 나의 약함을 숨기지 않아도 된다는 것을 깨달았습니다. 성경에서 수없이 보여주듯, 하나님은 가장 경험이 많거나 완벽하게 살아온 사람을 택하지 않으시기 때문입니다. 책이나 인스타에서 멋지게 소개될 만한 사람을 택하지도 않으십니다. 그분은 오히려 부서진 사람을 택하십니다. 자격 없는 사람을 부르십니다. 그래서 그분은 나를 선택하셨습니다.

하나님은 나의 미숙함을 재료로, 나를 부르신 모습 그대로 한 사람으로 빚어 가셨습니다. 내가 스스로 되어야 한다고 생각했던 모습이 아닌, 그분이 창조하신 여성으로 변화시키셨습니다. 그분은 나의 수치를 가져가서 아무도 볼 수 없게 어둠에 두지 않으시고, 나를 불러내어 빛 속에서만 경험할 수 있는 치유를 경험하게 하셨습니다. 그분은 내가 다른 이들과 이 좋은 소식을 나눌 수 있게 하시기 위해 이렇게 행하라고 나를 부르셨습니다.

다 잘 해내지 못해도 괜찮습니다.
다시 한번 이야기하겠습니다.
다 잘 해내지 못해도 괜찮습니다.

우리는 완벽하지 못한 세상에서 살아가는, 그리고 그런 세상에 속한 불완전한 존재들입니다. 애초에 모든 것을 잘 해낼 수 없는 사람입니다. 만약 그랬다면, 구세주가 필요하지 않을 것입니다. 이 세상에서 우리의 목표와 희망을 찾는 것은 결국 무의미한 일일 것입니다. 이 세상은 하나님의 손에서 창조된 아름다운 세계이지만, 그것만으로는 우리의 만족을 충족시키지 못합니다. 창조물의 존재 목적은 우리를 창조자에게 인도하여 우리의 정체성과 가치를 찾게 하는 데 있기 때문입니다. 창조주만이 진정으로 우리를 만족시킬 수 있습니다.

어떤 이들은 은혜가 단지 우리에게 계속해서 죄지을 수 있게 하는 허가증 같은 것이라고 생각합니다. 그러나 이런 생각은 더 많은 수치와 공허를 가져올 뿐입니다.

어떤 사람들은 자신에게 은혜받을 만한 자격이 없어서 받을 수 없다고 믿습니다. 아무리 애를 써도 하나님 아버지의 사랑을 얻을 수 없다고 생각합니다.

그러나 실상은 다릅니다. 은혜는 죄를 짓고도 계속 살아갈 수 있게 해주는 면죄부가 아닙니다. 또한 노력으로 얻어낼 수 있는 성과물도 아닙니다. 우리가 믿는 하나님은 우리가 상상할 수 있는 것 이상으로 선하시기에, 은혜는 그 어떤 것보다 더 가치 있고 좋은 것입니다.

하나님은 성경을 통해 우리에게 의로운 삶의 길을 제시하셨습니다. 그리고 우리 스스로의 한계를 아시는 하나님은 우리가 그 길을 따르기에 부족함이 없도록 자비를 베푸셨습니다. 사랑의 궁극적 표현으로, 하나님은 우리의 죄를 속죄하기 위해 아들 예수님을 대속물로 이 세상에 보내셨습니다. 예수님의 고통과 흘린 피로 우리의 죄는 이미 속죄되어, 우리는 그 은혜 아래 자유롭게 삶을 살아갈 기회를 얻었습니다. 은혜는 우리가 어떤 노력으로 얻어낼 수 없는, 순전히 하나님의 깊은 긍휼과 사랑의 결과로 주어진 것입니다. 조건 없이 허락된 가장 소중한 하나님의 선물입니다.

로마서 3장 23-24절

모든 사람이 죄를 범하였으매 하나님의 영광에 이르지 못하더니 그리스도 예수 안에 있는 속량으로 말미암아 하나님의 은혜로 값없이 의롭다 하심을 얻은 자 되었느니라.

나는 완벽하지 않습니다. 내 삶도 완벽과는 거리가 멉니다. 어려운 시기를 지났고 다루기 힘든 감정들과 씨름해왔습니다. 하지만 최악의 순간에도 하나님 아버지는 그 나락으로 친히 내려오셔서 나를 들어 올리시고 그 품에 안아주셨습니다. 말씀 가운데 있는 진리와 은혜를 통해, 아버지께서만 주실 수 있는 치유와 능력 그리고 자신감을 얻을 수 있었습니다.

모든 것을 다 갖추지 못했지만, 하나님 아버지께서 나의 이야기를 당신과 나누길 원하시고, 아마도 여러분이 오늘 겪고 있을 다양한 고민에서 위로가 될 만한 메시지를 주도록 부르셨다고 믿습니다.

이 묵상집이 당신이 지금 있는 곳에서 도움이 되기를 기도합니다. 질투, 두려움, 불안감, 외로움, 압박감 등 "대놓고 말할 순 없지만 항상 내 마음을 깊이 할퀴는 30개의 감정"을 은혜의 복음으로 직면하여 우리 안에 세상의 그 무엇으로도 흔들리지 않는 "내면의 성소"를 짓게 되길 바랍니다.

당신이 혼자가 아님을 알았으면 좋겠습니다. 당신이 겪고 있는 어려움은 물론 허상이 아니며 실제적인 것입니다. 당신의 감정, 불안, 불안정함은 쉽게 물러날 기미를 보이지 않을 것입니다. 그렇더라도 그저 꼭꼭 숨기고 감춰야 하는 것은 아닙니다. 무엇보다 중요한 것은, 그런 순간마저도 소망이 있다는 것을 깨닫기를 바랍니다. 이 세상에서 공허함에 사로잡혀 반복되는 삶에서 벗어나, 소망이라는 새로운 길을 발견할 수 있기를 바랍니다.

예수님이 소망 되시고, 오직 예수님 한 분만으로 당신은 충분하기 때문입니다.

더 이상 다른 답을 찾으러 헤매지 않아도 됩니다! 그분의 은혜는 풍성하고 그 은혜는 당신에게도 충분합니다!

사랑을 담아,
코트니

# 나는 자격 미달이야

너희 안에서 착한 일을 시작하신 이가 그리스도 예수의 날까지 이루실 줄을 우리는 확신하노라.

빌립보서 1장 6절

새벽 3시의 어둠 속에서 넘어지지 않기 위해 현관 램프를 켰다. 자지러지게 울고 있는 생후 2주 된 딸아이를 안고 하염없이 돌았다. 딸아이는 그 뒤로도 여러 번 잠에서 깼다. 낮 동안 내내 자더니 이제는 잘 생각이 전혀 없어 보였다.

딸아이는 왜 엄마가 다시 자기를 재우려 하는지 이해하지 못하는 것 같았다. 나도 딸아이가 왜 나를 못 자게 하는지 이해할 수 없었다. 온몸이 뻐근했다. 퇴원하고 나서 한 번도 머리를 감지 못했다. 내 잠옷은 딸아이의 토사물과 우리 둘의 눈물로

범벅이 되어 있었다. 그리고 부엌이라는 섬을 수백 번 돌면서 가장 두려운 생각 하나가 내 마음속에 천천히 떠올랐다.

'나는 아직 준비가 안 되었어.'

엄마가 된다는 것은 내 평생의 꿈이 아니었던가! 그 어느 때보다 행복해야 할 순간이었다. 하지만 나는 이 새로운 삶과 새로운 역할을 맡은 지 2주도 안 되어 내 능력과 자격을 심하게 의심하고 있었다. 그 어느 때보다 자격 미달처럼 느껴졌다. 당신도 분명 이런 생각을 해본 적이 있을 것이다(아니라면, 제발 비법 좀 알려달라).

우리는 끊임없이 자신의 꿈을 쫓고 성공을 향한 사다리를 올라가야 한다고 말하는 세상에 살고 있다. 꿈과 성공이 나쁜 것은 아니지만, 당신이 그곳에 비로소 닿았을 때 스스로 자격 미달이거나 무능하다고 느낀다면 어떻게 해야 하는지에 대해서는 충분히 생각해보지 않았을 것이다.

꿈을 이루고도 여전히 끝나지 않았다고 느낄 때 과연 어떻게 해야 할까?

바울은 빌립보 교인들의 변함없는 믿음을 격려하기 위해 빌립보서를 썼다. 빌립보서 1장 6절은 우리 앞날이 고민될 때, 자격 미달인 것같이 느끼는 시기에 많이 붙잡는 말씀으로, 자신감을 채워주는 아름다운 본문이다. 하나님은 우리의 모든 순간에 동행하실 것이다.

그러나 당신이 이 진리의 말씀을 신뢰하고 그 말씀 안에 굳건히 서려면 이전 본문도 함께 읽어야 한다.

빌립보서 1장 4-6절
간구할 때마다 너희 무리를 위하여 기쁨으로 항상 간구함은 너희가 첫날부터 이제까지 복음을 위한 일에 참여하고 있기 때문이라 너희 안에서 착한 일을 시작하신 이가 그리스도 예수의 날까지 이루실 줄을 우리는 확신하노라.

처음에는 그 의미가 눈에 잘 드러나지 않을 수 있지만, 바울은 빌립보 교인들이 "복음을 위한 일에 참여하고 있기 때문"(5)에 그들에게 확신을 가지고 말할 수 있었다.

사실, 이들은 그리스도가 그들의 모퉁이돌 되심을 믿고 자기 삶을 그분께 걸었던 사람들이다. 그리스도 예수의 날까지 하나님께서 우리 삶을 완성시키실 것이라는 확신을 가지려면, 우리 또한 그분을 전적으로 신뢰하고 그분의 은혜와 가르침에 귀기울여야 한다.

자기 회의감이 속삭일 때 그 소리에 귀를 기울이게 되면, 그것은 기꺼이 나의 내면세계로 침투해 들어온다. 그것은 미세한 속삭임에서 시작하여, 점점 더 큰 외침으로 변한다. 그 외침은 점점 더 심해지고, 삶의 구석구석에 파고들며, 마음의 평화를 어지럽히고, 자신감과 기쁨을 빼앗아간다. 그리고 모든 긍정적인 감정과 생각을 앗아가는 독이 되어버린다.

따라서 모든 발걸음마다, 내가 걷는 모든 길에서 완전히 그분을 신뢰하는 것이 중요하다. 내 삶의 방향을 그분의 손에 맡기고, 따라가는 것을 의미한다. 삶의 모든 부분에서 그분의 지혜와 인도를 받아들이고, 사랑과 은혜에 의지하며, 나의 약점과 두려움을 그분에게 넘기는 것이다. 이렇게 함으로써 나는 평화를 누리고, 자신감과 기쁨을 유지할 수 있다.

바울이 쓴 지혜의 말씀으로 다음 걸음을 내디뎌보자.

빌립보서 1장 9-11절
내가 기도하노라 너희 사랑을 지식과 모든 총명으로 점점 더 풍성하게 하사 너희로 지극히 선한 것을 분별하며 또 진실하여 허물없이 그리스도의 날까지 이르고 예수 그리스도로 말미암아 의의 열매가 가득하여 하나님의 영광과 찬송이 되기를 원하노라.

태어난 지 3주가 지나자, 딸아이는 어느 순간부터 기적처럼 밤낮을 구분하기 시작했다. 이제야 나는 좀 더 인간다워지고 엄마로서 역할을 감당할 수 있게 되었다. 엄마의 시기를 살아가는 중에 자신에 대한 회의감이 들었던 많은 순간 중 하나에 불과했지만 이것은 나에게 앞으로 어디로 가야 할지를 알려주는 신호였다. 나는 이 상황에서 끊임없이 불평하고, 불안감에 떨거나 아니면 빠른 해결책을 찾느라 분주할 수 있었지만, 애초부터 나에게 이 역할을 부여하신 분을 신뢰하기로 선택했다.

내가 자격 없다고 느낄 때에도, 바울이 말한 지혜와 분별을 구하며 기도하자. 하나님의 능력을 얻기 위해 그분의 약속에 매달리면, 하나님이 나의 약한 손을 꼭 잡고 인도하실 것이다. 때로는 보이지 않고 힘들 것이다. 그러나 믿음으로 하나님의 그 손을 놓지 않는다면, 그분이 당신을 안고 끝까지 이루실 것을 보게 될 것이다.

## ✦ 1일 ✦

### 내면의 성소 세우기

하나님 아버지, 내 안에 꿈을 심어주셔서 감사합니다. 이 꿈들을 실현하는 과정에서 길을 잃고, 자기 자신에게 의지하려고 할 때, 내 믿음의 근원이 어디에 있는지 기억하게 해주십시오. 당신이 능력의 원천이시며, 모든 희망이 당신 안에 있다는 사실을 잊지 않게 해주십시오. 나의 모든 걸음을 인도해주셔서 감사합니다.

주님, 나는 당신의 도움이 필요합니다. 당신의 은혜만으로도 충분합니다. 예수님의 이름으로 기도합니다. 아멘.

✦ 함께 읽을 본문 • 빌립보서 1장 12-30절

바울은 어려운 상황 속에서도 복음의 진리에 합당하게 살아가는 것에 대해 쓰고 있다.

✦ 나에게 물어보기

현재 환경과 과정 속에서 당신은 어떻게 주님을 신뢰하고 있는가?

# 나는 쉼이 없어

수고하고 무거운 짐 진 자들아 다 내게로 오라 내가 너희를 쉬게 하
리라 나는 마음이 온유하고 겸손하니 나의 멍에를 메고 내게 배우
라 그리하면 너희 마음이 쉼을 얻으리니 이는 내 멍에는 쉽고 내 짐
은 가벼움이라 하시니라.

마태복음 11장 28-30절

---

나는 손톱 손질받는 것을 싫어한다. '싫어한다'는 말을 별로 좋
아하지 않아 자주 사용하지 않지만 이번에는 어쩔 수 없이 사용
해야겠다. 나는 손톱 손질받는 게 정말 싫다.

손톱을 다듬고 나서 손이 예뻐지면 기분이 좋아지지 않느
냐고 물을 수도 있다. 물론 기분은 좋아진다. 손톱이 반짝이며
윤기 나게 다듬어지는 것도 좋고, 모두 같은 길이로 매끄럽게
정돈되는 것도 만족스럽다. 하지만 그런 결과를 얻기 위해 손톱

을 다듬는 과정과 시간이 아깝다. 솔직히 말하자면, 손톱을 다듬는 것 자체가 싫기도 하다. 거기에 쓰는 시간도 낭비로 느껴진다. 가만히 앉아 있는 것 자체가 무척 어색하다.

반면, 나는 멀티태스킹을 제법 잘해낸다. 적어도 세 가지 일을 동시에 처리해야만 성취감을 느낀다. 집에서 가만히 앉아 있을 때도 빨래를 돌리고 있거나(세탁기가 안 돌아가고 있을 때가 있기는 한가?), 로봇 청소기가 돌아가거나, 식기세척기가 열일하고 있을 가능성이 크다. 쉬어야 하는 순간조차 내가 생산적인 사람이라는 것을 확인하고 싶어진다.

손톱 손질을 받으면 해야 할 일 리스트에서 한 가지를 지울 수는 있지만, 문제는 가만히 앉아 있어야 한다는 것이다. 의자에 가만히 앉아 시간이 흐르는 동안, 머릿속에는 수많은 생각과 해야 할 일들이 스쳐 지나가곤 한다. 이렇게 손톱을 다듬으며 시간을 허비하고 있다는 생각은 점점 가중되는 눌림으로 다가온다. 느긋하고 행복하게 네일샵을 나오는 것이 아니라 스트레스를 받고 뒤처진 기분에다 불안함에 정신줄을 놓게 된다.

그렇다. 문제는 내가 쉴 줄을 잘 모른다는 사실이다. 잠은 자냐고? 물론이다. 잠은 잔다. 적어도 9시간은 자야 제 기능을 할 수 있다. 자는 건 누구보다 잘한다. 하지만 쉬는 것에는 그다지 소질이 없다.

이것은 나만의 문제는 아니다. 여자가 가만히 앉아 있을 시간을 확보하는 것은 쉽지 않다. 머릿속에 끊임없이 돌아가는 할 일 리스트를 잠시 접어두고 책을 읽거나 기도하고 하나님의 임재 앞에 잠잠히 앉아 있는 것은 매우 어렵다. 하지만 하나님은 우리에게 쉬는 시간을 선물로 주고 싶어 하신다. 성경을 읽다 보면 하나님께서 우리에게 여러 번 이 선물을 주려 하신다는 것을 알 수 있다. 쉼은 우리가 감사하게 받아야 할 선물이다. 이를 통해 주님께서 우리를 위해 준비하신 모든 계획을 제대로 실행할 수 있다.

마가복음 6장 31절에서 예수님은 오천 명을 먹이시기 전에, 먼저 제자들에게 "너희는 따로 한적한 곳에 가서 잠깐 쉬어라"라고 명하신다.

예수님은 우리에게 쉼 그리고 그분과 단둘이 데이트하는 시간이 필요하다고 여러 번 말씀하신다. 이러한 시간을 통해 우리는 우리 앞에 놓인 일들을 완수하기 위한 회복과 활력을 얻게 된다.

성경 어디에도 게으름을 두둔하는 부분은 없다. 쉼은 게으름과는 다르다. 쉼은 우리 마음을 새롭게 하는 시간이며, 쉼을 통해 우리는 하나님께서 주신 소명을 위해 다시 한번 온 힘을 다할 수 있는 원동력을 회복하게 된다.

너희는 따로

한적한 곳에 가서

잠깐 쉬어라

·

마가복음 6장 31절

오늘 당신에게 도전하고 싶다. 이것이 나에게 어려웠던 것만큼 당신에게도 어려운 일이라면, 일부러 쉬는 시간을 작정하여 달력에 적어 놓으라고 권한다. 이렇게 잠잠히 있는 시간은 사실 그 자체로 성취로 당신에게 돌아온다. 당신의 영혼과 미래의 건강을 돌보는 시간이기 때문이다. 오늘 주님이 주시는 이 선물을 받고 그것이 주는 유익을 마음껏 취하기를 바란다.

## ✦ 2일 ✦

### 내면의 성소 세우기

하나님 아버지, 우리에게 쉼이라는 선물을 값없이 주셔서 감사합니다. 잠잠히 있으라는 당신의 부르심을 외면하고, 작은 분주함에 마음을 빼앗겨 마음이 어지러웠습니다. 나의 영혼을 평온하게 하시고, 천천히 가라는 당신의 뜻에 맞추겠사오니 도와주소서.
주님, 당신의 도움이 필요합니다. 당신의 은혜만으로도 충분합니다. 예수님의 이름으로 기도합니다. 아멘.

✦ 함께 읽을 본문 • 마가복음 6장 30-46절
예수님과 제자들은 열심히 일하면서도 쉬어야 할 때를 알았다.

✦ 나에게 물어보기
최근에 시간을 내어 제대로 쉬어본 적이 언제인가? 어떻게 하면 앞으로 나아가기 위해 쉬는 시간을 확보하고 이것을 우선순위로 둘 수 있을까?

# 나는 외로워

내가 땅끝에서부터 너를 붙들며 땅 모퉁이에서부터 너를 부르고 네
게 이르기를 너는 나의 종이라 내가 너를 택하고 싫어하여 버리지
아니하였다 하였노라 두려워하지 말라 내가 너와 함께함이라 놀라
지 말라 나는 네 하나님이 됨이라 내가 너를 굳세게 하리라 참으로
너를 도와주리라 참으로 나의 의로운 오른손으로 너를 붙들리라.

이사야 41장 9-10절

---

고등학교를 입학한 날은 내 15번째 생일이었다. 나를 아는 친구
들이 아무도 없었기 때문에 당연히 그날이 내 생일인 것을 아는
사람은 아무도 없었다.

　그날 나는 길을 찾기 위해 복도를 방황하며 낯익은 얼굴을
찾으려고 두리번거렸다. 교실에 들어갈 때마다 제대로 찾았다
는 생각에 안도의 한숨을 내쉬었다. 하지만 곧바로 어디에 앉아

야 하는지 몰라 극도의 불안감에 휩싸였다. 점심시간이 될 때까지 나는 가까스로 정신을 붙잡고 있었다.

500명이 앉을 수 있는 학교 식당으로 걸어 들어갔을 때, 그때만큼 외로웠던 적은 없었다. 다른 모든 아이가 방학을 어떻게 보냈는지에 대해 웃고 떠드는 동안 나는 원을 그리며 주위를 배회했다. 엄마가 도시락을 싸주지 않아 배식줄에라도 서 있으면 할 일이 생겼을 텐데, 라는 생각도 들었다. 나 빼고 다른 모든 아이가 쉬는 시간을 즐기고 있었지만 나는 빨리 종이라도 울려서 교실에 들어가 이 불안함에서 도망가고 싶은 마음뿐이었다. 내 생애 최악의 생일이었다.

어쩌면 당신도 이런 외로움을 느껴봤을 것이다. 대화할 만한 사람 하나 없는 무리 속에 혼자 서 있던 경험을 했을 수 있다. 새 직장에 가서 또다시 '전학생'이 된 듯한 느낌이 들었을 수도 있다. 아니면 금요일 저녁에 혼자 집에 앉아 인스타그램이나 넘기면서 '불금'에 계획이 없는 것은 나뿐이라는 생각에 울컥한 적도 있을 것이다.

나에게도 기억 속에 선명히 새겨져 영원히 남을 만한 순간들이 있다. 예를 들어 새 도시에서 선생님으로 부임한 첫날, 혹은 새 교회에 처음 발을 들여놓은 날처럼 말이다. 고등학교 입학 첫날도 물론 포함이다. 같이 앉을 친구를 사귀기 전까지 3일

동안 학교 화장실에서 점심을 먹었다는 경험을 이야기하면 믿겠는가? 이 사실을 말하기까지 5년이나 걸렸다!

살아가면서 우리 모두는 외로운 순간들을 경험한다. 내향성인 사람들은 이런 순간을 조금 더 많이 경험할 수 있지만 외향적인 사람도 어느 정도는 공감할 것이다.

이런 외로움을 피할 수 있는 마법 같은 지혜를 공유하고 싶지만, 아쉽게도 그런 방법은 없다. 하지만 가장 외로워하는 순간에도 우리는 절대 혼자가 아니라는 사실을 당신과 나에게 잊지 않게 해주고 싶다.

이사야 41장은 우리의 주님 되신 하나님이 제공하시는 보호에 관해 이야기한다. 외로움의 벽이 우리를 에워싸도, 이 보호를 믿고 의지할 수 있다.

**이사야 41장 13절**
이는 나 여호와 너의 하나님이 네 오른손을 붙들고 네게 이르기를 두려워하지 말라 내가 너를 도우리라 할 것임이니라.

당신이 타락한 이 세상에서 거절당했다고 느끼는 그 순간, 허공에 떠 있는 불안감 그리고 무력감이 당신의 마음을 짓누르며, 주변의 모든 것이 자신을 배척하는 듯한 착각에 빠진다. 또한, 사람들로부터 소외당했다고 느낄 수도 있다. 주변의 웃음소리, 대화의 파편들 사이에서 자신만 홀로 시간이 멈춘 듯한 느낌 그리고 사람들 속에서도 혼자인 듯한 감각은 당신을 깊은 고독 속으로 밀어넣는다. 이런 감정들은 마치 큰 파도가 모래성을 덮쳐오는 것처럼 당신의 마음을 휩쓸어버린다.

이사야 41장을 보면, 하나님께서 우리를 선택하시고 결코 버리지 않으신다는 약속을 확인할 수 있다. 또 그분의 사랑 안에서 능력을 얻을 수 있다. 외로운 순간에 누구에게 속했는지를 기억하고, 현재의 어려움을 뛰어넘어 하나님을 신뢰할 수 있는 기회를 얻는다.

외로움은 처리하기 어려운 감정이다. 주변을 고립시키고 세상에 대한 부정적인 감정을 일으킨다. 하지만 주님은 당신의 삶에 참된 진리를 선언하시고, 당신이 귀중한 존재라는 사실, 항상 당신을 보호하고 계심을 실감하게 해주신다. 당신이 하나님의 자녀임을 깨닫게 되면, 혼자라는 느낌은 사라진다. 우리와 항상 동행하시는 주님이 계시기 때문이다.

내가 헐벗은 산에 강을 내며

골짜기 가운데에 샘이 나게 하며

광야가 못이 되게 하며

마른 땅이 샘 근원이 되게 할 것이며

.

이사야 41장 18절

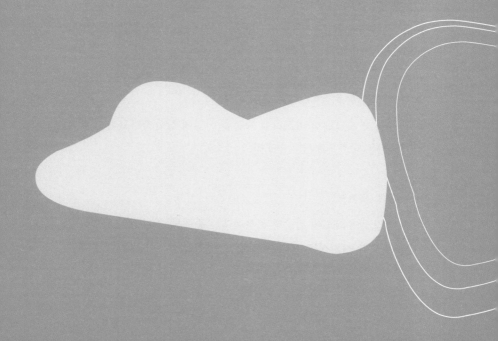

# ✦ 3일 ✦

## 내면의 성소 세우기

하나님 아버지, 나를 선택하시어 어떠한 상황에서도 홀로 두지 않으신다는 사실을 알게 해주셔서 감사합니다. 어려운 시기에도 주님의 품에서 힘을 얻고, 말씀이 가르치는 진리를 믿을 수 있도록 도와주시기를 기도합니다. 외로움이란 거짓말이 나를 포위하지 못하게 하시고, 하늘에 계신 하나님께서 얼마나 나를 사랑하시는지 알 수 있도록 인도해주십시오.

주님, 저에게는 당신의 사랑이 필요합니다. 당신의 은혜만으로 충분합니다. 예수님의 이름으로 기도합니다. 아멘.

### ✦ 함께 읽을 본문 · 이사야 41장 8-20절

이 본문에서 하나님이 이스라엘 백성을 어떻게 찾아가시고 그들과 함께하시는지 주목해서 읽어보라.

### ✦ 나에게 물어보기

당신이 감정의 파도에 휩쓸려 허우적대는 중에도, 하나님이 세심하게 당신 곁을 지키시며, 삶에 확신을 주시려 한다는 사실을 알고 있는가? 이 장에서 얻은 교훈을 외로움이라는 강력한 감정에 맞서는 강철 같은 방패로 사용할 수 있을까?

# 나는 못생겼어

> 내가 주께 감사하옴은 나를 지으심이 심히 기묘하심이라 주께서 하시는 일이 기이함을 내 영혼이 잘 아나이다.
>
> 시편 139장 14절

이미 문밖을 나섰어야 했지만 나는 여전히 잠옷 차림으로 느긋하게 옷장 앞에 서 있었다. 구석구석 주위를 둘러봤지만, 옷장은 옷들로 넘쳐났음에도 "입을 옷이 없다"는 사실은 확실했다. 사실, 내가 입고 싶은 옷이 없었다. 자신감이나 편안함을 느낄 만한 옷이 없었다. 셔츠들은 핏이 다 우스꽝스러웠고 바지들은 죄다 단추가 채워지지 않는 것뿐이었다.

당시 나는 임신 3개월을 넘어서고 있었고, 그런 나를 위해 조촐한 '신세 한탄 파티'를 열고 있었다. 내 안에 자라고 있는 귀한 생명을 생각하기보다 내 모든 관심은 온통 변해가는 내 몸에 꽂혀 있었다. 그 순간만큼은 "심히 기묘하게" 지음받은 존재라는 사실에 눈길이 가지 않았다. 나는 온통 부정적인 것에만 집중했고 이러한 불안정한 생각들 속에 살고 있었다. 나는 하나님이 나에게 주신 몸으로 영광 돌리지 않고 자신에게 모든 초점을 맞추고 있었다.

> 창세기 1장 27절
> 하나님이 자기 형상 곧 하나님의 형상대로 사람을 창조하시되 남자와 여자를 창조하시고.

우리는 자신을 보면서 마음에 들지 않는 부분에만 집중하는 경향이 있다. 거울을 아무리 들여다봐도 항상 하나님의 형상이 보이는 것은 아니다. 오히려 굴곡진 몸매, 칙칙한 피부 톤, 그리고 튼살이 먼저 눈에 들어온다. 누구나 자신의 외모를 바꾸고 싶다고 생각하는 순간이 있다. 나도 임신했을 때도 그랬지만, 지금도 그런 생각을 자주 한다. 무수히 많은 시간을 거울 앞에서 보내며 내 얼굴과 몸을 평가한다.

하지만 이야기를 바꿔보면 어떨까? 우리가 스스로에게 초점을 맞추는 대신, 우리를 창조하신 이에게 시선을 돌려보면 어떨까? 우리는 "하나님의 형상대로" 지어졌다. 이것이 우리가 붙잡고 살아가야 하는 진리다. 우리의 몸을 잘 돌봐야 할 필요가 있지만, 거울에 비친 자기 몸을 보며 잡지 커버의 모델과 비교해 싫다고 하는 것은, "하나님의 형상대로" 창조된 걸작품이라는 진리를 인정하지 않는 것이다. 우리가 특정 치수나 몸무게가 되어야만 내 몸이 가치 있다고 생각하는 것 또한 그렇다.

하나님 아버지는 우리를 독특하게 창조하셨고, 우리는 그분의 형상을 지니고 있다. 우리는 그분에 의해 "기묘하게" 지어졌고, 우리 몸은 그 사실을 반영한다. 우리가 가지지 못한 외모 때문에 스스로 싫어하며 시간을 낭비하기보다, 몸을 주신 하나님께 영광을 돌리는 데에 그 시간을 사용해야 한다. 우리 속에 생명을 불어넣어 주신 그분, 우리의 삶에 선포할 수 있는 진리를 주신 그분께 말이다!

우리가 스스로에게 초점을 맞추면, 우리는 '나'를 창조주보다 더 큰 존재로 여기게 되어 교만에 빠질 수 있다. 이렇게 되면 우리의 원수들은 이러한 생각을 이용해 우리를 흔들어놓고, 우리가 마땅히 살아가야 하는 방식, 즉 우리에게 주어진 것들을 기쁘게 누리며 살지 못하게 만든다.

감사하게도 이러한 생각들을 극복할 수 있는 은혜와 진리가 있다. 우리는 성경 말씀을 묵상하며, 스스로를 묶어두는 거짓과 싸울 준비를 해야 한다.

나의 사랑

너는 어여쁘고

아무 흠이 없구나

·

아가 4장 7절

만일 우리가 관점을 달리하여, 하나님이 보시는 자신의 가치와 아름다움을 볼 수 있다면, 더 이상 거울 앞에서 시간을 허비하지 않을 것이다. 하나님의 시선으로 볼 때 진정한 만족과 안정을 얻는 것이다. 우리는 하나님 아버지께서 지으신 피조물이라는 사실에서 자신감을 얻어 밖으로 뻗어나갈 수 있다. 이것이 오늘 우리가 누릴 수 있는 참 자유이다.

## ✦ 4일 ✦

### 내면의 성소 세우기

하나님 아버지, 주께서 나에게 독특한 몸을 주시되 주의 형상대로 창조해주심에 감사합니다. 주께서 나를 보시는 시선으로 자신을 볼 수 있기를 기도합니다. 그리고 자기 자신을 묵상하기보다 당신께 감사하는 것에 더 많은 시간을 사용하게 하옵소서. 주께서 그렇다고 말씀하셨기에, 내가 아름다운 사람임을 믿습니다.

주님, 당신이 필요합니다. 당신의 은혜로 충분합니다. 예수님 이름으로 기도합니다. 아멘.

✦ 함께 읽을 본문 • 아가 4장 7절, 베드로전서 3장 3-4절, 잠언 31장 25절, 잠언 31장 30절, 전도서 3장 11절

이 순간 잠잠히, 이 진리의 말씀이 당신을 깨끗이 씻어주시고 물들이도록 그 의미를 새겨보라.

✦ 나에게 물어보기

당신이 "기묘하게" 지음받았다는 사실을 믿는가? 여전히 불안정한 생각들과 씨름하는가? 이런 거짓말들이 더 괴롭히기 전에, 당신을 위한 진리로 받아들이고 싶은 성경 구절이 있는가?

# 나는 두려워

나는 하나님께 부르짖으리니 여호와께서 나를 구원하시리로다.

시편 55장 16절

수업을 마치고 학생들을 하교시킨 후, 나는 교실로 향했다. 오후에 수업 계획 작성을 끝내고 긴 연휴를 즐길 생각에 마음이 한껏 들떠 있었다. 그런데 유치원 복도 모퉁이를 돌아가는 순간, 남편 마일즈가 교실로 들어가는 것을 보았다. 그때는 나를 깜짝 놀라게 하려고 남편이 몰래 찾아왔다고 생각했지만, 처리해야 할 일이 쌓여 있어 함께할 수 없다는 생각에 미안한 마음이 들었다.

세월이 꽤 흘렀지만 그날 오후의 모든 세세한 부분이 기억나는 이유는, 그날 아버지가 돌아가셨다는 소식을 들었기 때문이다. 마일즈는 이것을 나에게 알려야 하는 무척 어려운 임무를 수행했고, 그 소식을 들었던 교실은 영원히 내 마음이 산산조각 나고 세상이 뒤바뀐 장소로 남게 되었다.

그날 이후 몇 달 동안, 나는 슬픔의 다양한 단계를 겪었다. 세상이 계속 돌아가는 동안 나는 마치 슬로우 모션처럼 움직이는 것 같았다. 하나님께 화가 났던 것은 아니다. 병이 아니었다면 아버지는 인생의 말년에도 예수님을 영접하지 않으셨을 것이다. 아버지가 병에 걸리지 않았더라면, 주변 사람들과 관계가 회복되지 못했을 것이다. 아버지의 삶과 죽음은 다른 이들에게 믿음의 격려가 되었다.

그러나 나는 두려움에 휩싸이기 시작했다. 아버지가 돌아가신 후, 나는 소중한 다른 사람을 잃게 될까 봐 계속해서 걱정에 사로잡혔다. 그 상실은 나에게 큰 충격을 주었고, 두려움으로 일상이 마비되었다. 살아도 산 것 같지 않았다.

바로 그때, 나는 시편을 통해 위로를 받았다. 시편 55편에서 다윗왕은 자신의 두려움을 고백한다. 주위에서 벌어지는 전투뿐 아니라 자기 내면에서 일어나고 있는 싸움 때문이었다.

시편 55편 4-5절

내 마음이 내 속에서 심히 아파하며 사망의 위험이 내게 이르렀도다 두려움과 떨림이 내게 이르고 공포가 나를 덮었도다.

다윗은 시편 초반부에서 구원을 청하는 기도를 올렸다. 나 역시 두려움에 휩싸여 죽을 것 같은 느낌이 들었기에 본문에 크게 공감할 수 있었다. 다만 다윗의 고백을 읽은 후, 나는 더 이상 혼자 남겨져 있거나 두렵다는 생각을 하지 않게 되었다.

다윗은 두려움에 머물러 있지 않았다. 그는 두려움을 극복하고, 다음 단계로 나아가며 주님을 믿고 의지했다. 시편 55편에서 다윗은 두려워 부르짖는 것으로 시작했지만, 자신이 보호받고 있다는 것을 확신하는 말로 마무리한다.

성경 말씀, 나의 기도 그리고 사람들의 중보기도를 통해, 나는 이 두려움의 골짜기에서 벗어날 수 있었다. 내 힘이 아닌 주님만이 주실 수 있는 능력으로 가능한 일이었다.


매일매일 나를 두렵게 하는 생각들이 여전히 떠오르지만, 나는 이러한 생각들이 곪아 터지게 놔둘 수도 있고, 나를 보호하시고 내 앞길을 인도하시는 온 우주의 하나님께 그 생각들을 넘기기로 선택할 수도 있다. 두려움의 손아귀에서 벗어나는 것은 쉽지 않지만, 일단 벗어나면 자유롭다. 다시는 상실의 고통을 경험하고 싶지 않지만, 이제는 돌아보며 두려움을 느끼지 않는다. 그 경험이 나에게 선한 것을 선물로 주었을 뿐만 아니라, 내 안에 있던 힘을 일깨웠다. 나를 지탱하고, 나를 돌보는 하나님의 은혜를 깨닫게 한 것이다.

그가 너를 붙드시고

·

시편 55장 22절

이 모든 것이 나를 계속 앞으로 나아가게 했다. 그것은 스스로 할 수 있는 것이 아니었다. 오직 하나님의 사랑과 은혜, 그리고 그분의 무한한 힘을 통해 가능했다. 하나님이 나에게 주신 것이었다.

우리 모두는 인생을 살아가며 두려움을 경험한다. 당신도 나처럼 사랑하는 사람을 잃을까 봐 두려움을 느낄 수 있고, 어쩌면 완전히 다른 두려움에 직면할 수도 있다. 이런 감정을 완전히 회피하려 하거나, 이를 인정하는 것이 힘겨울 수도 있다. 어떤 상황에 있든, 그런 당신을 기꺼이 품어주실 하나님 아버지가 계신다. 가끔 우리 삶이 버거워질 때도 있지만, 우리를 구원하시고, 이런 시절을 통해 그분의 평안을 경험하게 하시는 하나님 아버지가 계신다는 것을 기억하라.

당신은 혼자가 아니며, 그 두려움을 혼자 이겨내지 않아도 된다. 오늘, 당신의 하나님 아버지께 부르짖어 그분만이 주실 수 있는 자유를 만끽하길 바란다.

# ✦ 5일 ✦

## 내면의 성소 세우기

하나님 아버지, 아무리 삶이 험난해도 언제나 변함없이 선하신 당신의 이름을 찬양합니다. 우리의 고통스러운 순간에도 긍휼로 찾아와 주셔서 감사합니다. 앞으로도 내가 두려움과 싸울 때 계속해서 사랑과 평안 그리고 확신의 말씀을 주시기를 기도합니다.
주님, 당신이 필요합니다. 당신의 은혜로 충분합니다. 예수님 이름으로 기도합니다. 아멘.


### ✦ 함께 읽을 본문 · 시편 55편

다윗은 두려움에 대한 싸움을 벌이고 있었지만, 그는 그 두려움을 극복하기 위해 하나님을 의지하기로 했다.


### ✦ 나에게 물어보기

삶에서 힘든 순간이나 고통스러운 시기를 겪었을 때, 그 고통을 일시적으로 완화하려고 어떤 것에 의지했는지, 그것이 어떤 효과를 가져왔는지를 생각해보라. 이런 순간들은 우리의 신앙과 믿음을 시험하며, 우리가 진정으로 무엇을 의지하고 신뢰하는지를 보여준다.

# 나는 갇혔어

이는 우리 하나님 여호와께서 친히 우리와 우리 조상들을 인도하여 애굽 땅 종 되었던 집에서 올라오게 하시고 우리 목전에서 그 큰 이 적들을 행하시고 우리가 행한 모든 길과 우리가 지나온 모든 백성 중에서 우리를 보호하셨음이며.

여호수아 24장 17절

유치원에서 첫째를 데리고 돌아와 차고에 차를 대던 점심시간 무렵이었다. 두 살배기 애니스턴을 먼저 내리고 부엌으로 데려 다준 후, 10개월 딸 엘리엇을 데리러 차로 다시 돌아갔다. 엘리 엇을 안고 현관으로 향했는데 손잡이를 돌려도 문이 꼼짝도 하지 않았다. 문이 안에서 잠겨버린 것이다. 게다가 열쇠를 부엌에 놔두고 나온 것을 깨달았다. 애니스턴이 몇 주간 현관 잠금 장치를 가지고 놀긴 했지만, 나도 항상 집 안에 함께 있었기 때문에 그게 대수롭게 보이지 않았던 것이다.

문에다 대고 내가 낼 수 있는 가장 침착한 목소리로 딸에게 말했다. "애니스턴, 문 잠금장치를 열어줘." 처음에 딸은 뭐가 뭔지도 모르고 웃었지만, 5분쯤 지나도 자기가 잠금장치를 열 수 없게 되자 웃음소리는 곧 눈물바다가 되었다. 애니스턴은 가장 절박한 목소리로 말하며 울었다.

"엄마 도와주세요! 엄마가 필요해요!"

이 순간에도 감사한 몇 가지가 있다. 먼저, 남편이 10분 거리에서 일하고 있어서 바로 집으로 달려와 문을 열어줄 수 있었다. 그리고 블라인드가 다 올려져 있어서 아빠가 구하러 올 때까지 나는 딸과 한 창문에서 만나 서로 볼 수 있었다. 또한, 10개월 된 엘리엇이 두 살배기 언니와 함께 집 안에서 갇히지 않고 내 품 안에 있음에 안도했다. 만약 그렇지 않았다면 미친 듯이 문을 부수고 있었을 것이다.

10분이 짧다면 짧은 시간이겠지만 그때는 영원과도 같이 느껴졌다. 일 분, 일 초가 지나갈 때마다 우리 사이의 벽은 더 커지는 것 같은 느낌이 들 때 딸아이의 얼굴에서 공포를 보았다. 집 안이라 안전하긴 했지만, 엄마라는 보호자 없이 아이는 혼자였고 오롯이 두려움에 떨어야 했다.

여호수아서 24장, 이 책의 마지막 부분에서는 이스라엘 민족이 이집트에서의 노예 생활을 뒤로하고 약속의 땅으로 가는 여정에서 주님이 베푸신 모든 기적을 언급하고 있다. 이것은 큰 격려가 되는 말씀이다. 그 여정에서 이스라엘 민족은 여러 차례 주님을 의심했다. 상황이 어려워질 때면 자신의 지식과 판단에 의존하는 것이 더 편하다고 생각했지만, 그런 시기일수록 자기 힘으로는 해결할 수 없음을 깨닫게 되었다. 만약 주님이 공급하고 보호하지 않으셨더라면 그들은 길을 잃었을 것이다. 그럼에도 그들은 하나님이 그들을 위해 행하신 일들을 너무 쉽게 잊어버려서 하나님의 신실하심을 계속해서 상기시켜야 했다. 바로 이 이야기를 여호수아서 결론에서 볼 수 있다.

여호수아 24장 17절
우리가 행한 모든 길과 우리가 지나온 모든 백성 중에서 우리를 보호하셨음이며.

인생에서 겪는 수많은 가슴 아픈 고비들 속에서, 스스로 삶을 주도하려 할 때마다 벽에 갇힌 듯한 느낌을 받곤 했다. 어떨 때는 몇 주씩이나 불안한 생각들에 휩싸이며 방황하다가 결국에는 나를 보호해주시는 하나님께 부르짖으며, 스스로 가둔 벽을 부숴달라고 기도하기도 했다. 그분이 지금까지 나를 보호하신 것을 기억하며, 앞으로도 그리 하실 것을 믿어야 한다.

그러므로 내일 일을 걱정하지 말아라

내일 걱정은 내일이 맡아서 할 것이다

한 날의 괴로움은

그날에 겪는 것으로 족하다

.

마태복음 6장 34절(새번역)

우리는 자주 실수하는 것이 부끄러워 문제가 생기면 주님을 멀리하거나 숨기려고 노력한다. 그러나 그렇게 할수록 우리는 이런 어려움을 극복하게 도우시고, 우리의 부끄러움을 없애주실 유일한 분으로부터 도망치는 셈이다. 다행히도, 내가 세운 그 어떤 벽도 그분보다 높지 않다. 그분을 우리의 삶 속으로 초대할 때, 우리는 마침내 진정한 평안을 얻을 수 있다.

## ✦ 6일 ✦

### 내면의 성소 세우기

하나님 아버지, 나의 삶을 가두는 벽들을 부수시고, 내가 더 상세히 구하지 않아도 항상 나를 지켜주심에 감사합니다. 당신의 무한한 능력을 잊지 않게 도와주시고, 당신 앞에서는 어떤 일도 불가능한 것이 없음을 깨닫게 해주십시오. 나 스스로 가치 없다고 느낄 때도 사랑해주심에 감사합니다.

주님, 당신이 필요합니다. 당신의 은혜로 충분합니다. 예수님의 이름으로 기도합니다. 아멘.

### ✦ 함께 읽을 본문 • 여호수아 24장

주님께서 이스라엘 백성을 보호하신 모든 사례와 그 과정을 주의 깊게 살펴보라.

### ✦ 나에게 물어보기

삶이 고달파질 때, 주님께 달려가는가 아니면 도피처로 도망가는가? 어떻게 하면 그분의 선하심을 기억하고 그분과 함께 매일 동행할 수 있겠는가?

# 나는 환영받지 못해

너희는 그리스도의 몸이요 지체의 각 부분이라.

고린도전서 12장 27절

문을 통해 걸어 들어갔던 그 순간, 나는 내 결정을 후회했다. 그 자리에 선 채로, 건물이 점점 더 커져가는 듯한 느낌을 받았다. 주위 사람들이 서로 이야기를 나누고 있었지만, 그들의 시선은 나에게 고정되어 있었다. 친구들이 내가 여기에 있다는 사실을 알게 되면 나는 너무 창피할 것 같았다. 조용히 이야기를 나누는 사람들 사이로 비집고 들어가 자리에 앉았다. "여긴 어디? 나는 누구?"라는 생각만이 머릿속을 스쳤다.

그곳은 바로 교회였다.

당시 나는 고등학교 2학년이었고, 지금과는 전혀 다른 삶을 살고 있었다. 당시 나는 외출 금지 중이었다. 내가 허락받지 않은 일들을 한 것을 아버지가 알게 되었고, 그런 행동을 멈추게 하려는 의도에서 내린 조치였다. 학교와 집 외에는 어디에도 갈 수 없었다. 그런데 한 친구가 나를 교회로 초대하자, 아버지는 허락했고, 나는 그렇게 집을 빠져나갈 기회를 놓치지 않았다. 그렇게 교회에 오게 된 나는, 물론 확신은 없었다.

스스로 그리스도인이라고 생각했지만, 예수님을 따르고 있진 않았다. 나에게 교회는 이리저리 사람을 '판단하는' 곳에 불과했다. 내 결점과 죄를 보면, 당연히 나를 외면할 것이라고 생각했다. 이런 생각으로 나는 오랫동안 교회를 멀리했다.

하지만 얼마 지나지 않아 바로 그 교회에서 나는 마치 내 집에서 지내는 듯한 편안함을 찾았다. 예수님과의 관계가 어떤 의미인지도 깨닫게 되었다. 그곳에서 나는, 실수로 나를 평가하지 않고, 예수님의 눈으로 나를 봐주는 사람들과 진정한 우정을 쌓을 수 있었다. 그리고 은혜와 자유 속에서 걸어가는 법도 배웠다. 예수님을 만나, 나의 진정한 정체성도 찾을 수 있었다.

그 후 10년이 지나, 나는 지역 교회에서 사모로 섬기게 되었다. 이제 나는 교회에서 내가 환영받았듯 나도 모든 이들을 환영할 수 있기를 바랄 뿐이다. 교회 문을 들어서는 모든 사람이 예수 안에서 자신의 가치를 찾고, 지체 안에서 자신만의 독특한 은사를 발견하게 되기를 소망한다. 과거에 나는 죄 때문에 교회에 다닐 자격이 없다고 생각했고, 아무런 도움도 되지 않는다고 느꼈다. 그러나 바울은 고린도 교회에 보낸 편지에서, 교회에 필요한 각각의 역할을 몸의 지체와 비교하면서, 우리 모두에게 맡겨진 자리가 있다는 것을 가르쳐주었다. 모든 지체는 나름대로 독특하면서도 필수적인 존재라는 것이다.

고린도전서 12장 24-26절
오직 하나님이 몸을 고르게 하여 부족한 지체에게 귀중함을 더하사 몸 가운데서 분쟁이 없고 오직 여러 지체가 서로 같이 돌보게 하셨느니라 만일 한 지체가 고통을 받으면 모든 지체가 함께 고통을 받고 한 지체가 영광을 얻으면 모든 지체가 함께 즐거워하느니라.

교회를 통해 우리는 말씀을 배우고 그 안에 담긴 진리를 알게 된다. 또한, 교회는 주변 사람들과 공동체를 형성하고 서로 배려하는 기회를 제공한다. 여기서 우리는 친구와 멘토 그리고 예수님을 따르는 자들을 만난다. 우리는 혼자가 아니다.

안타깝게도, 많은 사람이 교회에서 부정적인 경험을 한다. 즉 소외감, 불안감, 심지어 분노를 느끼게 하는 여러 경험으로 교회에서 멀어진다. 원수는 우리가 어떤 교회를 가더라도 이런 경험을 할 것이라는 생각을 심는다. 그러나 원수가 계속 그렇게

몸은 하나인데 많은 지체가 있고
몸의 지체가 많으나 한 몸임과 같이
그리스도도 그러하니라
.

고린도전서 12장 12절

하도록 두어선 안 된다. 이런 경험 때문에 그리스도의 지체로서 누릴 수 있는 선한 것을 놓쳐서는 안 된다. 하나님 아버지는 우리를 두 팔 벌려 환영하신다. 아무런 조건 없이 따뜻하고 사랑 가득한 환대를 누리게 하신다. 그리고 교회에서도 이렇게 넘치는 사랑과 환영 속에서 서로 포근하게 맞이하길 원하신다.

오늘 당신이 어디 서 있든, 교회는 당신을 기다리고 있다. 교회 문을 열고 들어가기 위해, 완벽함을 추구할 필요도, 판단 받을 생각에 떨지 않아도 된다. 교회 공동체에 속하면, 온전한 평안을 누릴 수 있다. 계속 찾고 구한다면, 당신에게 맞는 교회를 통해 이러한 평안을 누리게 될 것이다. 나 역시 내가 그렇게 절박하게 필요로 했던 집을 교회에서 찾았기에, 당신도 그렇게 되기를 기도한다.

## ✦ 7일 ✦

### 내면의 성소 세우기

하나님 아버지, 우리에게 교회를 주신 것에 감사드립니다. 복음을 가르치고 문을 넘어 들어오는 모든 이를 환영하는 교회들이 있어 감사합니다. 아직 교회 밖에 있는 이들이 공동체를 찾아가며, 예수님 안에서 자신의 가치를 발견하고, 당신께서 그들에게 주신 독특한 은사를 발견하길 기도합니다. 우리 모두가, 받은 은혜를 주변 사람들에게 베풀 수 있게 하옵소서.

주님, 당신이 필요합니다. 당신의 은혜로 충분합니다. 예수님 이름으로 기도합니다. 아멘.

✦ 함께 읽을 본문 · 고린도전서 12장 12-31절

바울은 성도들을 인간의 몸에 비교하여 설명했다. 각 지체가 맡은 역할의 중요성을 그 크기에 상관없이 인정했고, 각각의 역할과 가치를 설명했다.

✦ 나에게 물어보기

지역 교회를 어떤 시선으로 바라보는가? 교회에서 받은 부정적인 경험 때문에 치유가 필요한 상처가 있는가? 하나님 아버지께서 당신을 이미 원하시고 받아주셨다는 사실을 믿는가?

# 나는 집중이 안 돼

새벽 아직도 밝기 전에 예수께서 일어나 나가 한적한 곳으로 가사
거기서 기도하시더니.

마가복음 1장 35절

1년 정도 내 머리를 담당해준, 내가 제일 좋아하는 헤어 스타일
리스트와 수다를 떨고 있었다. 나에게 딱 맞는 사람을 찾기까지
시간이 꽤 걸렸고 몇 번의 폭탄 머리도 견뎌야 했다. 하지만 드
디어 내 머리를 위한 영혼의 짝을 찾았고 머리를 자르거나 염색
을 하러 나갈 때마다 마치 휴가 가는 기분이 들었다.

　우리는 잡다한 것들에 대해 이런저런 이야기를 나누고 있
었는데, 그녀가 가볍게 "그래서 조용한 시간을 갖는 건 어떻
게 되어가고 있어요?"라고 물었다. 그녀가 아무렇지도 않게 이

런 질문을 하는 것이 난 좋았지만, 아주 솔직히 말하자면 그녀의 질문은 완전히 나의 허를 찔렀다. 그녀의 질문에 적절한 답을 찾기 위해 머뭇거리면서 고민에 빠졌다. 그 순간 내가 무슨 말을 했는지 정확히 기억나지는 않지만, 솔직히 그 답변이 조금 억지스러웠던 것 같아 부끄러움이 남는다.

그녀가 말한 '조용한 시간'이 무슨 뜻인지 궁금할 수도 있겠다. 어떤 사람은 기독교 언어에 너무 익숙해져서 가끔은 모든 사람이 다 교회에서 자란 것처럼 생각하곤 하는데(나도 마찬가지다), 사실은 QT(Quiet Time)가 무엇인지 모르는 사람이 더 많다.

QT는 하루 중 일정한 시간을 정하고 모든 방해 요소를 멀리한 채 주님과 보내는 시간을 말한다. 기도하는 시간이 될 수도 있고, 성경 공부하는 시간, 일기 쓰는 시간, 심지어 예배하는 시간까지, 모든 것이 QT가 될 수 있다. 이 시간을 통칭해 '조용한 시간'이라 부르지만, 반드시 조용해야만 하는 것도 아니다. 정해진 시간이나 방식도 없다. 15분이 될 수도 있고, 1시간이 될 수도 있다. QT 시간은 당신에게 달려 있고, 당신이 원하는 대로 만들어 갈 수 있다.

주님을 따르기로 결심하기 전에는 QT라는 말의 의미를 전혀 몰랐다. 그런데 고등학생 때 처음으로 예수님을 영접하고 나서, 나는 QT의 가치를 체험하게 되었다. 새신자로서 내가 할 수 있는 모든 것을 다해 하나님의 말씀을 배우려 했다.

그렇게 주님을 따르는 여정을 시작한 지 이제 13년이 지났다. 전심으로 QT에 헌신하고 최우선순위에 두었던 날도 있었고, 믿기 어렵겠지만 아예 무심한 날도 있었다. 그렇다. 지금도 매일 QT를 하는 것은 아니다. 가끔은 주님 앞에 가는 것보다 나 자신, 다른 업무 혹은 게으름을 선택하곤 한다. 미용사가 나에게 그런 질문을 던졌던 그날, 나는 그런 상태였다.

한 아이의 엄마가 된 지 6개월이 되어가는 시기였다. 나의 기도 생활은 엄청난 변화를 겪고 있었다. 이렇게 예쁜 딸을 키우면서 나의 기도 생활은 즉각 풍성해졌다. 계속해서 예수님께 무릎을 꿇고 하루에 필요한 은혜와 지혜를 간절히 구했다. 물론 기도는 중요하고, 참 좋은 일이지만 말씀을 공부하거나 하나님과의 시간을 최우선순위로 두지는 못했다. 나는 집중하지 못했고, 일상은 휙휙 지나치고 있었다.

사실 나는 성장이 멈춰 있었다. 변화가 필요한 상황이었다.

그 후 몇 주 동안, 나는 일정한 시간을 정해 모든 방해 요소를 치우고 예수님과의 귀중한 시간을 확보했다. 그 시간에 여러 일을 할 수도 있었지만, 어떤 것도 이 시간을 대체하거나 미룰 수 없다는 사실을 인정했다. 이 시간은 나 자신의 건강에 필수적인 시간이었다. 주변 사람들을 위해 내가 건강해지는, 이 시간이 꼭 필요했다. 나는 하나님 아버지와의 시간이 필요했다.

이러한 회복의 시간을 지나면서, 나는 누가복음 10장에 등장하는 이야기를 떠올렸다. 예수님과 제자들이 마리아와 마르다의 집을 방문하신 때였다. 마리아는 예수님의 발치에 앉아 그분의 말씀을 듣고, 반면에 마르다는 자신이 준비하는 일이 많아 마음이 상한 상태였다. 예수님은 마르다에게 (그리고 이 말씀을 듣는 우리 모두에게) 위대한 지혜의 말씀으로 대답하셨다.

누가복음 10장 41-42절
주께서 대답하여 이르시되 마르다야 마르다야 네가 많은 일로 염려하고 근심하나 몇 가지만 하든지 혹은 한 가지만이라도 족하니라 마리아는 이 좋은 편을 택하였으니 빼앗기지 아니하리라 하시니라.

나는 종종 스스로 마르다와 비슷하다고 느낀다. 세상의 무거운 짐이, 나에게 가장 필요한 그분에게서 나를 멀어지게 한다. 그 누구와 대신할 수 없는 그분으로부터 말이다.

다행히도 우리는 항상 우리를 기다리시고, 우리가 얼마나 멀어져 있든 상관없이 우리를 사랑하시는 자비로운 하나님을 섬기고 있다. 당신이 지고 있는 마음의 짐 때문에 부끄러워할 필요가 전혀 없다. 그분과 만났던 시간이 아주 오래전이라 해도 괜찮다.

그분은 당신이 있는 바로 그 자리에서 당신을 만나주실 것이고 모든 것을 새롭게 하실 것이다.

하나님은 당신의 짐을 가볍게 해주시고 당신의 영혼을 소생시켜 주실 것이다. 그분은 당신을 기다리시며 오늘 당신이 그분의 이름을 부를 때 만날 준비를 하고 계신다.

✦ 8일 ✦

## 내면의 성소 세우기

하나님 아버지, 항상 곁에 계시고 임하심에 감사드립니다. 제가 다른 것은 쉽게 선택하면서도 당신과의 시간은 소홀히 했음을 깊이 반성합니다. 당신의 말씀을 통해 더욱 배우고, 내 마음이 당신의 성품을 닮아갈 수 있도록 도와주십시오.

주님, 당신이 필요합니다. 당신의 은혜로 충분합니다. 예수님 이름으로 기도합니다. 아멘.

✦ 함께 읽을 본문 · 누가복음 10장 38-42절

마리아와 마르다의 이야기를 읽어보라.

✦ 나에게 물어보기

마리아와 마르다의 삶의 스타일 사이에서 갈팡질팡하는가? 주님과 시간을 보내는 방식을 정할 때 어떻게 하면 더 마리아처럼 될 수 있을까?

# 나는 질투해

> 사람이 만일 온 천하를 얻고도 제 목숨을 잃으면 무엇이 유익하리
> 요 사람이 무엇을 주고 제 목숨과 바꾸겠느냐.
>
> 마태복음 16장 26절

---

나의 어린 시절을 돌아보면, 부모님의 재정 상태를 정확히 알지
는 못했지만, 가족의 경제적 지위를 대략적으로 보았을 때 중상
층에 속했던 것 같다. 우리 가족은 재정적으로 어려움을 겪어본
적이 없었다. 안락한 집에서 살았으며, 멋진 물건들도 많았다.
가정은 넉넉했고, 어떤 면에서 보면, 나는 철없이 살았다.

　나는 풍족한 삶의 가치를 이해하지 못했다. 얼마나 큰 축복
을 받았는지도 알지 못했다. 내 주변은 부유함으로 둘러싸여 있
었다. 그래서 어쩌다 보니 나는 자연스럽게 부유한 친구들과도

어울리게 되었다.

우리 가족은 돈 때문에 어려움을 겪진 않았지만, 친구들이 생각하는 '안락함'은 나와는 완전히 다른 차원이었다. 그들의 집은 넓은 땅에 자리했고, 옷장 가득 다양한 옷이 가득했다. 이미 16살에 우리 아빠 차보다 훨씬 고급차를 몰고 다녔다. 이런 환경에서 질투를 느끼지 않는 것은 사실상 불가능했다.

친구들 집과 우리 집을 비교했을 때도 비슷한 느낌이었다. 부모님은 항상 관대하셨고, 감사하는 마음을 가지고 살아가셨지만, 나는 그럼에도 불구하고 "더 원해"라는 생각을 머릿속에서 떨쳐내지 못했다. 나는 누구보다 축복받은 삶을 살고 있었지만, 질투와의 싸움은 어릴 적부터 시작되었고, 그것은 삶의 여러 단계를 거치면서도 계속해서 나를 괴롭혔다.

"저 옷을 입으면, 더 예뻐 보일 거야."

"저 집에서 살면, 자신 있게 사람들을 초대할 수 있을 거야."

"저 차를 몰면, 성공한 것처럼 보일 거야."

"저 친구들을 사귀면, 인정받는 것처럼 느껴질 거야."

우리 모두는 언젠가부터 이런 비교 게임에 익숙해져 있어 물질적인 것들이 우리의 필요를 충족시켜 줄 것이라는 착각 속에서 살아간다.

그러나 우리가 그 집에서 살면, 내가 부러워하던 다른 친구는 더 좋은 집으로 간다. 새 옷장을 장만하고 보니, 또 다른 옷장이 필요하다는 생각이 든다. 그리고 자기가 드디어 인기 스타가 되었다고 생각할 때는, 외려 다른 때보다 더 외로움을 느끼게 된다.

열심히 일해서 멋진 물건을 얻는 것 자체는 문제 되지 않는다. 문제는, 우리가 진정한 가치를 찾지 못하는 데서 자신의 가치를 찾으려는 것이다. 우리가 가장 긴급한 욕구를 채우기 위해 세상에 의존하면, 우리는 계속해서 뭔가를 더 원하게 되고, 여전히 공허함을 떨치지 못하게 될 것이다. 이는 우리 영혼이 일시적인 만족 이상의 것을 요구하고, 실제로 만족을 주실 수 있는 분을 갈구하기 때문이다.

빌립보서 4장 19절
나의 하나님이 그리스도 예수 안에서 영광 가운데 그 풍성한 대로 너희 모든 쓸 것을 채우시리라.

빌립보서 4장에서 바울은 우리의 모든 필요가 예수님의 이름 안에서 충족될 수 있다고 선포한다. 또한 우리의 믿음이 성장함에 따라 하나님의 영광과 선하심을 배우게 되고, 그 결과 우리의 필요도 더욱 채워진다고 설명한다. 단순히 말하자면, 우리가 예수님 안에서 만족한다면, 우리의 필요 또한 채워진다는 것이다. 세상의 물질적인 것들을 더 이상 갈망하지 않게 되고,

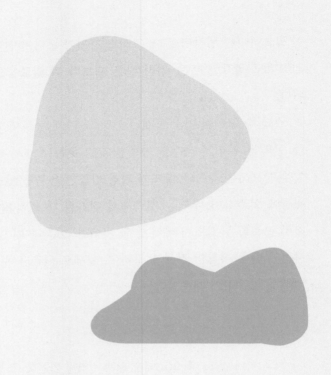

그리하면 모든 지각에 뛰어난 하나님의 평강이

그리스도 예수 안에서

너희 마음과 생각을 지키시리라

빌립보서 4장 7절

어느 때보다 만족하며 살 수 있게 될 것이다. 이것이 내 마음이 원하던 충만함이다. 나는 이 말씀을 믿고 따르려 한다.

무언가를 바라는 것은 정상이다. 우리는 무언가를 원하고 만족을 느끼려는 내면의 욕구를 가지고 태어난다. 하지만 우리는 또한 죄성을 가지고 태어났기 때문에, 우리가 원하는 것들이 점차 우리의 마음을 곤고하게 한다. 내 삶의 공허함은 오직 하나님으로 채워질 수 있다.

예수님은 우리가 그분을 갈망하길 원하신다. 우리가 만족하고 그분과 조화를 이루며 살기를 원하신다. 여기서 가장 중요한 질문은 이것이다. "나는 주님을 신뢰하고 주님이 나를 채우시도록 자신을 내어드릴 준비가 되어 있는가?"

## ✦ 9일 ✦

### 내면의 성소 세우기

하나님 아버지, 당신만이 우리에게 진정한 만족과 평강을 주십니다. 세상 기준으로 나의 가치를 정의하지 않게 하시고, 당신의 말씀에 따라 나의 진정한 가치를 발견하게 하옵소서.

주님, 당신이 필요합니다. 당신의 은혜로 충분합니다. 예수님 이름으로 기도합니다. 아멘.

✦ 함께 읽을 본문 · 빌립보서 4장 4-9절

당신의 감정과 생각에 대해 바울이 제시하는 가이드라인을 주의 깊게 읽어보라.

✦ 나에게 물어보기

당신은 주변의 물질적인 것에서 안정감을 찾는가, 아니면 하나님이 주신 선물에서 찾는가? 삶에서 무언가 필요하다고 느낄 때, 어떻게 하면 그리스도 안에서 당신이 받은 놀라운 은혜들을 떠올릴 수 있을까?

# 나는 지루해

악인은 쫓아오는 자가 없어도 도망하나 의인은 사자같이 담대하니라.

잠언 28장 1절

마일즈와 나는 20대 초반에 결혼했다. 당시 나는 대학교 졸업까지 1년이 남았고, 마일즈는 한 달 전에 졸업한 상태였다. 마일즈는 우리가 다니던 교회에서 학생부 담당 목회를 맡고 싶어 했지만, 불확실했다. 마지막 학기 동안 나는 보수 없이 주중 40시간을 일하는 풀타임 인턴으로 보내게 되었다. 거의 10년이 지난지금에 와서는, 마일즈가 우리의 결혼을 허락해달라고 했을 때, 아빠가 왜 까다롭게 대하셨는지 이유를 이해할 수 있다. 하지만 우리는 믿음으로 첫걸음을 떼었다. 그리스도를 중심에 두는 삶을 함께 살고 싶었기에 더 오래 기다리고 싶지 않았다.

주님께서 우리를 함께 부르신 위대한 모험으로 발걸음을 디디는 순간이었기 때문에 어느 때보다 강한 확신이 있었다. 힘들기도 했지만 흥분되는 일이었고, 재미있었다. 그 후, 상황은 조금 나아졌다. 마일즈는 일자리를 찾았고, 나 역시 졸업한 후 직장 생활을 시작했다. 주위 상황은 익숙한 일상이 되었다. 딱히 잘못하는 것은 없었지만, 흥분은 점점 사라져 갔다. 우리는 언제 만나도 편안한 그리스도인 친구들과 함께 평온하고 안락한 신앙생활을 이어가고 있었다.

그러나 마일즈와 나는 "편안함의 그물"에 빠져 있다고 느끼기 시작했다. 어떤 벽 같은 게 가로막고 있는 경험이었다. 한마디로, 우리는 더 이상 성장하고 있지 않았다.

고향 조지아를 떠나 앨라배마주 오번에 교회를 개척한 이야기를 할 때마다, 우리는 종종 어떻게 주님이 이 일을 위해 우리를 부르셨는지에 대한 이야기로 시작한다. 몇 년간 안정적이고 편안한 삶을 살고 나니, 이 순환을 깨고 싶어 좀이 쑤셨다. 무슨 정신 나간 모험이 필요했던 것은 아니다. 우리는 그저 우리가 누구인지에 대한 자신감을 되찾아야 했다.

사무엘상 17장을 보면, 누구에게나 익숙한 다윗과 골리앗 이야기가 등장한다. 이스라엘 민족은 하나님의 백성으로 승리를 약속받았지만, 골리앗이라는 거인이 전투에 나오자 그들은 자신감을 잃고 만다.

사무엘상 17장 10-11절
그 블레셋 사람이 또 이르되 내가 오늘 이스라엘의 군대를 모욕
하였으니 사람을 보내어 나와 더불어 싸우게 하라 한지라 사울
과 온 이스라엘이 블레셋 사람의 이 말을 듣고 놀라 크게 두려워
하니라.

이스라엘 백성은 자신들이 누구인지 잊어버렸다. 그들은
하나님이 선택하신 민족이었고, 여러 번 그분의 보호를 받은 생
생한 경험에도 불구하고, 골리앗이라는 거인을 마주하자 자신
들에게 익숙한 안락함의 자리로 후퇴했다. 그들은 자기 능력을
의심한 것이다. 이스라엘은 자신이 누구에게 속해 있는지 잊어
버렸기에 공포에 그대로 사로잡혔다.

사무엘상 17장을 계속 읽어보면, 다윗의 지위나 능력은 그
리 특출나지 않았음을 알 수 있다. 전장에는 다윗보다 더 건장
하고 오랫동안 전문적인 훈련을 받은 군인도 많았다. 하지만 다
윗에게는 그들에게는 없는 무언가가 있었고, 그것 때문에 다윗
은 골리앗을 이길 수 있었다. 다윗은 자신의 정체성을 확고하게
인지하고 있었고, 이로 인해 용감하게 거인 앞에 나설 수 있었
던 것이다.

사무엘상 17장 45, 47절

다윗이 블레셋 사람에게 이르되 너는 칼과 창과 단창으로 내게 나아 오거니와 나는 만군의 여호와의 이름 곧 네가 모욕하는 이스라엘 군대의 하나님의 이름으로 네게 나아가노라... 또 여호와의 구원하심이 칼과 창에 있지 아니함을 이 무리에게 알게 하리라 전쟁은 여호와께 속한 것인즉 그가 너희를 우리 손에 넘기시리라.

마일즈와 나의 이른 결혼 그리고 오번에서의 교회 개척은 단순히 치기 어린 무모한 결정이었던 것은 아니다. 이 두 순간 모두, 그리스도 안에서 찾은 우리의 정체성이 용기를 주었기 때문이다. 그리스도를 향한 믿음이 우리를 강하게 했고, 그 결과 우리는 발걸음을 뗄 수 있었다.

용감하게 사는 것과 무모하게 사는 것에는 차이가 있다. 우리는 믿음 안에서 사는 것과 지혜롭게 사는 것이 만나는 지점을 찾아야 하고 그 중간에서 살아야 한다. 결혼을 일찍 한 것은 우리가 따로 떨어져 있는 것보다 함께 살아갈 때 더 강해질 것을 몰랐다면 무모한 선택이 되었을 것이다. 인맥도 없이 교회를 개척하는 것 또한 우리가 주님의 명확한 부르심을 듣지 않았더라면 무모한 일이었을 것이다. 그 결정이 주님의 뜻과 일치하는지 확신하는 것이 중요하다.

하나님은 오직 당신만을 위한 특별한 이야기를 준비하고 계신다. 그 이야기는 나와 다르고, 당신의 이웃과도 다르다. 당신에게는 자신만의 독특한 소명이 주어져 있다. 주님은 우리에게 "사자같이 담대하라"고 부르셨고 모든 일에 그분을 신뢰할 때 그렇게 될 수 있다. 예측 가능하고 안전하며 편안한 상황에서 계속 머무르는 것은 편안해 보인다. 하지만 당신에게 용기가 있다면, 주님의 손을 붙잡고 진정한 정체성을 받아들이며, 그분이 당신을 위해 준비하신 용감한 삶을 살아가는 길을 선택할 수 있다!

오늘 당신이 받는 초대는 그 소명을 따라 첫 발걸음을 내딛는 것이다.

## ✦ 10일 ✦

### 내면의 성소 세우기

하나님 아버지, 평안하지만 의미 없는 삶은 더 이상 살고 싶지 않습니다. 당신의 이름을 위하여 용감하게 살기를 원합니다. 하나님 아버지, 당신의 소명 안에서 자신 있게 살아갈 수 있는 힘을 주옵소서. 당신의 이름 안에 있는 나의 위치를 절대 잊지 않게 해주옵소서. 주님, 당신이 필요합니다. 당신의 은혜로 충분합니다. 예수님의 이름으로 기도합니다. 아멘.

✦ 함께 읽을 본문 • 잠언 27장

이 말씀이 보여주는 자신감이 어떤 종류인지 주목하며 읽어보라.

✦ 나에게 물어보기

예수님의 이름으로 자신감 있게 살아가는가? 당신의 삶은 주님께서 이루신 일을 보여주고 있는가?

# 나는 걱정돼

> 예수께서 나오사 큰 무리를 보시고 그 목자 없는 양 같음으로 인하
> 여 불쌍히 여기사 이에 여러 가지로 가르치시더라.
>
> 마태복음 6장 34절

우리 집에는 막 걸음마를 시작한 딸아이가 있다. 그래서 당연히 애니메이션 〈겨울왕국〉에 대해 속속들이 알고 있다. 〈겨울왕국 2〉가 나왔을 때 딸아이는 세 살이었고, 이 기회에 딸과 함께 처음으로 영화관 나들이를 나갔다. 딸아이의 반짝이는 작은 눈을 보는 것은 정말 마법 같은 일이었다. 집에 가기 위해 차에 올라탄 순간부터 딸아이는 〈겨울왕국〉의 OST를 틀어달라고 요청했고, 엘사가 부른 "숨겨진 세상"(Into the Unknown)을 목청껏 부르기 시작했다.

물론, 인생에서 "미지의"(unknown) 시기를 지나는 것은 항상 재미있지만은 않다. 일생일대의 결정을 내려야 할 때면 "다음에는 어떡하지?", "이제 어디로 가야 하지?"라는 생각에 매몰되기 쉽다. 이러한 생각들이 몰고오는 불안함은 당신을 완전히 압도할 수도 있다. 당신의 미래를 위해 사전대책을 강구하거나 다음 거취를 놓고 고민하는 것이 나쁜 것은 아니지만, 이러한 생각에 사로잡혀 두려움에 빠졌다면 당신은 지금 건강하지 못한 상태라고 볼 수 있다.

남편과 고향 조지아를 떠나 오번에 교회를 개척하기 위해 앨라배마로 이사 왔을 때, 나는 우리가 주님의 부르심을 따르고 있다고 믿었다. 이 시기에 우리가 경험하게 될 것들을 생각하며 한껏 신이 나 있었다. 그러나 첫 6개월 동안 나는 내 인생에서 가장 험악한 시간을 보냈다. 우리가 알고 있던 모든 것을 두고 왔고 급여가 줄어들 것까지도 얼마든지 각오했는데, 교회가 커지기는커녕 점점 더 줄어드는 게 문제였다. 과연 우리가 끝까지 해낼 수 있을지, 공과금이나 낼 수는 있을지 불확실했다.

6개월이 채 되지 않았지만 마치 영원처럼 느껴졌다. 나도 모르게 미래에 대해 걱정하고, 우리 앞에 놓인 길에 대한 두려움에 휩싸였다. 매우 진 빠지는 일이었고 그런 감정에 사로잡혀 살다 보니 이 시기를 통해 하나님이 나에게 가르쳐주고자 하신 것을 많이 놓쳤다.

마태복음 6장을 보면, 예수님은 다양한 주제에 대해 가르치시다가 "걱정"에 대한 말씀으로 마무리하신다.

마태복음 6장 27절
너희 중에 누가 염려함으로 그 키를 한 자라도 더할 수 있겠느냐.

내가 걱정하느라 잃어버린 수많은 시간이 생각난다. 어느 학교를 갈지, 어떤 직장을 구할지, 어디서 살아야 하는지, 누구랑 결혼해야 할지, 언제 아이를 가져야 할지, 그 아이들을 어떻게 키워야 할지 등등 정말이지 걱정하려면 끝도 없다!

인생에서 마주하는 결정들을 신중하게 고려하는 것은 중요하다. 그러나 그 모든 것을 걱정의 늪으로 만들어 삶의 소중한 시간을 낭비하는 것은 자갈을 삼키는 것과 같다! 예수님은 이런 우리에게 방향을 제시하신다. 어떻게 우리의 시간을 효율적으로 활용할 수 있는지, 또 어떻게 걱정의 사슬을 벗어나 자유롭게 살 수 있는지에 대한 지침을 주신다.

마태복음 6장 33절
그런즉 너희는 먼저 그의 나라와 그의 의를 구하라 그리하면 이 모든 것을 너희에게 더하시리라.

우리가 매일 하나님 아버지와 함께하며 그분의 발걸음을 따라가면, 우리의 걱정들은 마치 가을 낙엽처럼 사라지게 될 것이다. 그렇게 되면 우리는 서 있는 이곳에서 평화를 누리며, 앞으로 나아가야 할 길에 대한 소망을 가슴에 품고 살아갈 수 있다. 그렇다고 이런 상태가 영원히 지속되리라는 보장은 없다. 육신의 약점으로 인해 불안함이 다시 우리를 괴롭힐 수도 있다. 하지만 예전에도, 그리고 앞으로도 변함없이 신실하신 그분이 계시기에, 이때를 온전한 신뢰의 기회로 만들 수 있다.

하나님의 완벽한 타이밍에, 우리 교회는 마치 봄의 새싹처럼 성장하기 시작했다. 그리고 우리를 둘러싼 공동체도 함께 강해지며, 능력을 주시는 아버지께서 우리를 더욱 가까이 이끌었다. 그제야 나는 우리가 이주하면서 하나님이 주신 약속에 기댈 수 있었다. 그리고 내가 간직하던 걱정들을 넘어, 하나님의 의로움을 바라보며, 그 작은 순간순간에 하나님이 주신 약속들이 펼쳐지는 것을 느낄 수 있었다.

처음부터 이렇게 신뢰했다면 얼마나 좋았을까! 그랬다면 수많은 불면의 밤으로부터 자유할 수 있었을 텐데 말이다.

나는 당신이 어떤 도전을 마주하고 있는지, 어떤 미지의 시기를 걷고 있는지 모르지만, 당신이 받아들이기만 하면 모든 걸음을 기꺼이 함께해주시는 아버지가 계심은 확실히 알고 있다.

그분의 영광, 압도적인 능력 그리고 무한한 은혜에 집중한다
면, 우리의 걱정들은 그 힘을 잃게 된다. 우리가 그분을 먼저 구
하면, 삶이 우리를 어디로 이끄는지에 관계없이, 우리의 영생은
보장되고 결국은 선한 길임을 알기에 우리는 평안 속에서 살 수
있다.

## ✦ 11일 ✦

### 내면의 성소 세우기

하나님 아버지, 아버지께서는 모든 사소한 일들에 관여하시고, 저에게서 시선을 돌리지 않으심을 확신합니다. 저를 가까이 품어주시고 절대 놓지 않으시는 주님께 감사합니다. 미지의 시기를 거치면서도, 아버지께서 가르치시는 모든 것을 받아들일 수 있게 이 진리 안에서 살길 기도합니다. 볼 수 있는 눈, 들을 수 있는 귀를 주시길 기도합니다.

주님, 당신이 필요합니다. 당신의 은혜로 충분합니다. 예수님 이름으로 기도합니다. 아멘.

✦ 함께 읽을 본문 • 마태복음 6장 25-34절

예수님이 당신을 얼마나 가치 있게 보시는지 주목하며 읽어보라.

✦ 나에게 물어보기

당신의 미래에 대해 그분을 신뢰하는가? 예수님이 당신을 가치 있게 여기심을 믿는가? 어떻게 하면 당신의 걱정거리들을 내려놓고 아버지를 신뢰할 수 있을까?

# 나는 수치스러워

> 또 그리스도께서 너희 안에 계시면 몸은 죄로 말미암아 죽은 것이나
> 영은 의로 말미암아 살아 있는 것이니라.
>
> 로마서 8장 10절

일곱 살 때, 할머니와 함께 새로운 교회를 방문한 적이 있었다. 설교 중에 목사님은 만약 우리가 바로 그 순간 예수님을 마음으로 초청하지 않으면 지옥에 갈 것이라고 단호하게 말했다. 다행히 나는 자라면서 복음을 이런 식으로 가르치면 안 된다는 것을 배웠다. 하지만 일곱 살이었던 나는 당시의 강한 어조에 확실히 겁을 먹었고, 그가 말한 대로 해야 한다는 압박을 느꼈다.

그 후, 나는 실수할 때면 곧바로 빠져나가 예수님이 여전히 내 마음속에서 계신다는 것을 확인하면서 "제발 절 지옥으로

보내지 말아주세요" 하고 간절히 기도할 때가 많았다. 확실히 그 목회자의 말이 내 안에 각인되어 청소년기를 지나던 나를 괴롭힌 것이었다!

10년 후, 감사하게도 나는 좀 더 확실한 신학에 기반해 말씀을 가르치는 다른 교회를 나가기 시작했다. 그제야 나는 처음으로 예수님을 진심으로 영접하게 되었다. 나는 믿음 안에서 성장했고 어릴 때 마음속에 뿌리내린 두려움을 극복할 수 있었다. 나는 이렇게 자유를 얻게 되었음에 감사하며, 실제로 그런 자유를 누렸다. 그러나 십대 후반이 되었지만, 아직도 잘못을 저지를 때마다 스스로에게 거침없는 비난을 가하곤 했다. 내가 한 실수마다 깊은 수치심이 나를 감싸안았다.

아무리 애써도, 죄에서 벗어나는 것은 불가능해 보였다. 내 마음속에는 점수판이 있었고, 그 점수판은 내 육신과 결점들이 얼마나 앞서나가는지, 그리고 나 자신이 그것들을 얼마나 견뎌낼 수 있는지를 측정했다. 그 결점들이 나를 쫓아올 때마다, 저지른 잘못에 대한 죄책감이 나를 속박했다. 예수님을 따르기 위해 이렇게까지 노력하는데, 왜 나는 여전히 이렇게 망쳐버릴 수 있는지 혼란스러웠다.

구원을 얻기 위한 노력과 실패 후의 수치심이 끊임없이 반복되었다. 패배감이 나를 뒤덮었고, 이런 상황이 언제까지 계속될지 알 수 없었다. 나는 다람쥐 쳇바퀴처럼 도는 이런 삶에서 벗어나야 한다고 느꼈다. 나는 하나님의 진리와 은혜를 제대로 이해해야 한다는 사실을 깨달았다.

로마서 8장 12-13절
그러므로 형제들아 우리가 빚진 자로되 육신에게 져서 육신대로 살 것이 아니니라 너희가 육신대로 살면 반드시 죽을 것이로되 영으로써 몸의 행실을 죽이면 살리니.

더 깊이 이해해야 했던 것은, 예수님이 죄로부터 구원해주신 것도 중요하나, 그것이 전부는 아니라는 사실이었다. 하나님은 우리가 단지 용서만 받고 나서 하나님 없이 살아갈 수 없음을 알고 계셨기에, 우리에게 성령님을 보내 내주하게 하셨다. 성령님을 통해 우리는 매일 그분과 동행하며, 우리의 힘 대신 그분의 힘을 의지하게 된다.

이것이 바로 내 눈을 번쩍 뜨게 하고, 나를 변화시킨 진리였다. 그 후에도 물론 나는 계속 실수를 많이 했다. 지금도 여전히 내 힘과 지식에 의존하는 경우가 많다(인정하고 싶지 않지만 정말 그렇다). 남편에게 투정을 부리고, 아이들에게 날카로운 말을 한다. 항상 좋은 친구가 되어줄 수 없고 확실히 삶에서 모든 것을 제대로 해내지도 못한다. 나는 완벽함과는 거리가 멀고, 절대 완벽해질 수 없다는 것을 깨달았다.

하지만 달라진 것은 이제 내가 이러한 순간에도 수치심을 느끼며 살지 않아도 된다는 것이다. 그런 날에는 성령님께 나의 닻이 되어달라고 기도하지 않았다는 것을 발견했다. 이미 주어진 용서를 구할 수 있게 되었고, 예수님께 내 안에, 또 나를 통해 일하실 수 있게 부르짖었다. 매일 아침, 우리는 성령님께 힘을 달라고, 종일 우리와 동행해달라고 구할 수 있다.

로마서 12장 2절
너희는 이 세대를 본받지 말로 오직 마음을 새롭게 함으로 변화를 받아.

오늘, 당신에게도 예수님을 부르는 기회가 트여 있다. 세상의 시험, 당신의 죄 그리고 수치심에 굴복할 필요는 없다. 예수님의 피로 당신의 부채는 이미 청산되었고, 성령님은 당신과 함께 걸어가고 계신다. 당신이 예수님의 제자라면, 당신은 천국의 상속자요, 왕의 소중한 딸이다!

이제, 그 자유로운 삶을 시작해야 할 때이다.

무릇 하나님의 영으로 인도함을 받는 사람은

곧 하나님의 아들이라

로마서 8장 14절

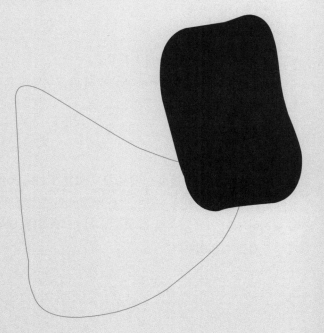

## ✦ 12일 ✦

### 내면의 성소 세우기

하나님 아버지, 나를 구원하시기 위해 예수님을 보내주셔서 정말 감사합니다. 당신의 사랑을 내 노력으로 얻을 수 없음을 알지만 그래도 무한한 사랑을 주셨습니다. 성령님이 내 영혼을 깨우시고 모든 순간 필요한 능력을 주시기를 기도합니다. 패배감에서 벗어나 승리 안에서 살게 하옵소서!

주님, 당신이 필요합니다. 당신의 은혜로 충분합니다. 예수님 이름으로 기도합니다. 아멘.

✦ 함께 읽을 본문 • 로마서 8장 1-17절

바울이 성령님 안에서 시작되는 당신의 새 삶을 어떻게 묘사하는지 주목하여 보라.

✦ 나에게 물어보기

당신은 바울이 말하는 승리 안에서 살고 있는가 아니면 여전히 당신이 과거에 저지른 죄와 허물로 인한 수치심 안에 살고 있는가? 오늘 당신이 승리 안에 걸어갈 수 있도록 성령님께 힘을 달라고 어떻게 부르짖을 수 있겠는가?

# 나는 깜짝 놀랐어

> 그는 깊고 은밀한 일을 나타내시고 어두운 데에 있는 것을 아시며
> 또 빛이 그와 함께 있도다.
>
> 다니엘 2장 22절

둘째 아이를 임신했다는 소식을 들었을 때, 나는 놀랐지만 동시에 기쁨으로 가득 찼다. 이제 겨우 두 살 된 첫째가 있었기에 또한 명의 아이를 갖는 것에 대해 나와 남편은 긴장할 수밖에 없었다. 하지만 그것은 우리를 흥분으로 두근거리게 하는 신나고 재미있는 긴장감이었다.

또한, 이 책을 집필해보자는 제안을 받았을 때도 마찬가지였다. 책을 쓰고 싶다는 생각은 있었지만 그것은 좀 더 성숙해진 뒤에야 가능한 일이라고 생각했다. 아이들이 좀 더 자라면

더 시간을 확보할 수 있으리라는 생각이었다. 그러나 하나님은 문을 열어주셨고, 그것은 가장 좋은 방식으로 나를 압도하는 예상치 못한 문이었다.

놀라움은 종종 큰 기쁨을 선사한다. 예기치 못한 약혼, 임신, 취직 등은 당신이 간절히 원하던 일일 수 있다. 당황할 수도 있지만, 그것이 당신에게 주어진 깜짝 선물이라는 사실을 즐길 수 있기를 바란다.

삶은 우리에게 뜻밖의 순간과 기쁨을 여러 번 선사한다. 그것을 받아들이는 마음만 열어둔다면 말이다. 물론 그리 즐겁지 않은 일들도 있다. 그런 순간에 어떻게 대처해야 할지는 우리가 스스로 결정해야 한다.

14살이 되던 해, 부모님의 이혼 소식을 들었다. 부모님의 결혼생활이 순탄치 않다는 것은 알고 있었지만, 이렇게 끝나리라고는 전혀 알지 못했다. 그 소식은 내 세상을 뒤집어놓았다. 나는 혼란스러웠고, 미래가 어떻게 될지 두려움에 떨었다.

26세가 되었을 때는 아버지가 갑자기 세상을 떠나셨다는 소식을 들었다. 암 진단을 받았지만 점차 호전되는 중이었고, 항암 치료를 잘 받고 있었기에 이 소식은 더욱 충격이었다. 그 소식은 내 마음을 조각냈다.

예기치 못한 순간들은 때로는 큰 고통과 혼란을 가져온다. 우리를 완전히 압도하고, 마음을 졸이게 한다. 어쩌면 영원할 것 같았던 관계가 끝나는 순간을 겪었을 수도 있다. 아니면 가까운 사람을 잃거나 꿈이 산산조각났을 수도 있다. 취업 면접에서 떨어지거나, 계획했던 미래가 사라졌을지도 모르겠다.

당신이 지금 그런 시기를 겪고 있거나, 과거 일로 고통과 후유증에 시달리며 괴로워할지도 모르겠다. 하나님이 당신을 잊으셨거나 실수하신 것처럼 느껴질 수 있다. '하나님은 관심이 없으신 걸까? 선하신 하나님이 어떻게 이런 일이 일어나게 그냥 두신 거지?' 하지만 성경을 열어보면, 하나님이 얼마나 우리를 사랑하시는지를 여전히 알 수 있다.

요한복음에서 예수님은 제자들에게 자신을 따를 때 겪게 될 고난과 장차 십자가를 지실 것을 말씀하면서, 격려의 말씀으로 16장을 마무리하신다.

요한복음 16장 33절
이것을 너희에게 이르는 것은 너희로 내 안에서 평안을 누리게 하려 함이라 세상에서는 너희가 환난을 당하나 담대하라 내가 세상을 이기었노라.

예수님은 우리가 환난을 맞겠지만 자신이 이 모든 것을 이기셨기에 우리는 절망하지 않아도 된다고 말씀하신다. 이 사실을 알고 있다면, 예상치 못한 어려움이 닥쳤을 때도 위안을 받을 수 있다. 그렇다면 어떻게 나아갈 수 있을까? 이런 예상치 못한 놀라움에 어떻게 대처해야 할까?

다니엘서 2장에서 다니엘은 느부갓네살왕의 꿈을 해석하지 못한다면, 자신과 모든 이스라엘 백성이 죽임당할 위기에 처한 것을 알게 된다. 당신의 생명을 위협하려는 사람이 있다는 소식, 특히 그것이 절대적인 권력을 가진 자라면, 매우 끔찍하고 예상치 못한 소식이다. 하지만 다니엘은 침착함을 잃지 않고 왕의 꿈을 해석할 수 있는 시간을 달라고 요청한다. 그는 친구들과 함께 모여 하나님께 자비를 구하고, 그들에게 필요한 지혜를 주시기를 간구한다. 그날 밤, 주님은 다니엘에게 꿈의 해석을 보여주심으로써 그의 기도에 응답하셨다. 그 즉시 다니엘은 자신을 구해주신 하나님께 찬양을 올려드린다.

다니엘 2장 23절

나의 조상들의 하나님이여 주께서 이제 내게 지혜와 능력을 주시고 우리가 주께 구한 것을 내게 알게 하셨사오니.

예기치 못한 순간들은 우리의 삶에 찾아온다. 그러한 순간을 피할 방법은 없다. 하지만 그런 순간이라도 우리에게는 절망할지, 아니면 하나님을 의지하고 답을 찾을지 선택할 기회가 주어진다. 이런 어려운 상황에서도 우리는 경험에서 얻은 교훈을 바탕으로, 지혜를 구하는 기도를 드릴 기회를 얻는다. 그리고 하나님은 이런 순간에도 우리를 홀로 두지 않으신다. 실제로 하나님은 이러한 순간들을 통해 함께하시고 모든 것을 아시며 놀라운 존재로 자신을 드러내신다.

만약 당신이 지금 어둠 속에 머물고 있다고 느끼거나, 버거운 일로 인해 상처받고 고통받고 있다면, 진심으로 위로의 말을 전한다. 당신은 그런 순간을 예상치 못했겠지만, 하나님은 항상 당신을 지켜보고 계신다. 그분은 어떤 상황에서도 함께 계시며, 지금이든, 심지어 과거에 있었던 일에 대해서도 치유와 깨달음을 주신다.

이 어려운 순간은 영원히 계속되지 않을 것이다. 당신은 다시 한번 숨을 고르고, 발아래 단단한 땅을 밟고, 다시 일어설 수 있을 것이다. 이것이 바로 세상을 이기신 주님의 약속이다.

## ✦ 13일 ✦

### 내면의 성소 세우기

하나님 아버지, 주위의 모든 것이 무너진 것 같을 때도 항상 임재하여 주셔서 감사합니다. 아버지께서 당신의 지혜를 나눠 주고 싶어 하시는 것을 잘 압니다. 그 지혜를 들을 수 있는 귀를 열어주시길 기도합니다. 고난이 오더라도 당신을 신뢰하는 법을 배우도록 도우소서.

주님, 당신이 필요합니다. 당신의 은혜로 충분합니다. 예수님 이름으로 기도합니다. 아멘.

✦ 함께 읽을 본문 · 요한복음 16장 16-33절

환난이 올 것이지만 그 환난이 기쁨으로 변할 것이라고 제자들에게 하신 말씀에 대해 읽어보라.

✦ 나에게 물어보기

당신은 예상치 못한 일이 닥칠 때에도 예수님을 신뢰하는가? 먼저 하나님께 지혜를 구하는가 아니면 일시적인 해결을 위해 세상으로 눈을 돌리는가?

# 나는 완벽하지 않아

> 너희 보물 있는 곳에는 너희 마음도 있으리라.
>
> 누가복음 12장 34절

지난 10년 동안, 나는 다양한 성격 테스트를 해보았다. 직장이나 학교를 찾을 때, 교회 임원들과 함께, 그리고 때로는 그냥 재미로 나 혼자서도 해보았다. 이런 테스트에 대한 전문가는 아니지만, 성격 테스트를 통해 얻는 결과와 통찰력은 꽤 흥미로워 보였다. 이런 테스트로 나를 완전히 알 수는 없지만, 우리가 어떻게 생각하고 상황을 대처하는지에 대한 유용한 시각을 제공한다는 것을 발견했다.

어떤 테스트를 진행하든, 결과는 항상 비슷했다. 나는 성취를 위해 살고, 그 안에서 가치를 찾는 성격이라고 나타났다. 테스트 결과를 읽을 때마다, 그 내용이 얼마나 나를 정확하게 묘사하는지 놀랍게 여겼다(그리고 항상 웃음을 터뜨렸다).

학생 시절, 나는 A+ 등급을 받지 않으면 어떤 것도 의미가 없다고 느꼈다. 당시 남자친구였던 남편은, 대학교 수업에서 처음으로 낮은 점수를 받고 펑펑 우는 나의 모습을 보고, 나의 이런 면을 알게 되었다. 나는 남은 학기 동안 수많은 불면의 밤을 보내며, 학점을 올리기 위해 공부에 몰두했다. 그 과목이 학위에 중요해서가 아니었다. 뭔가를 배우기 위해서도 아니었다(솔직히 말하면, 기억나는 것이 별로 없다). 나는 그저 만족감을 위해 좋은 점수를 받으려고 했다.

나중에 교사가 되고 나서도 이런 생각은 변하지 않았다. 교장과 학부모들로부터 칭찬을 받아야만 자신에 대해 만족했다. 학습 계획안에 '참 잘했어요' 도장을 받는 것은 학생들뿐만 아니라, 나의 성취욕을 충족시키는 데에도 도움이 되었다.

엄마가 된 후에도 완벽주의는 사라지지 않았다. 나는 모든 육아 관련 책을 읽었고, 모든 일정을 철저하게 지켰다. 심지어 아이들이 중요한 단계에 도달할 때마다(마치 내가 그렇게 만든 것처럼), 성취감을 느꼈다. 미운 두 살을 지나는 아이에게 인정받으려고 하는 것은 정말 어리석은 일이지만 말이다.

다행히도, 나는 내 완벽주의를 인식하고 있고, 예수님을 의지함으로써 극복하려고 애쓰고 있다. 학교에서, 직장에서, 심지어 아이를 키우면서도 예상한 결과를 내는 것은 기분 좋은 일이지만, 조심하지 않으면 나의 가치를 오직 성과에만 두는 잘못에 빠질 수 있다는 것을 알고 있다.

성과 내는 것이 문제가 아닐 수도 있다. 어쩌면 모두가 당신을 좋아해야만 만족감을 느끼거나, 리더가 되거나 권력을 쥐어야만 가치를 찾을 수도 있다. 또한, 돈이나 물질, 명예 등에서 정체성을 찾을 수도 있다. 우리 모두는 어떤 것에 의존하는 경향이 있으며, 잠시 시간을 내어 내면을 들여다본다면, 여기서 적어도 하나는 인정할 수밖에 없을 것이다.

누가복음 12장에서 예수님은 걱정에 대해 말씀하시면서, 생활의 필요를 충족시키는 것에 대한 걱정을 예로 드셨다.

누가복음 12장 33절
낡아지지 아니하는 배낭을 만들라 곧 하늘에 둔 바 다함이 없는 보물이니 거기는 도둑도 가까이하는 일이 없고 좀도 먹는 일이 없느니라.

"낡아지지 아니하는 배낭을 만들라"라는 말씀이 내 마음을 강하게 울렸다. 이전에는 그냥 지나쳤을 텐데, 이번에는 이 구절이 시선을 사로잡았다. 예수님은 우리가 필요하다고 생각하는 것과 우리 영혼에 진정으로 필요한 것, 즉 그분과의 영원한 삶을 대비하여 말씀하신다. 우리는 낡지 않고 빼앗길 수 없는 천국의 사고방식을 가지려고 애써야 한다.

나는 내 배낭에 성과를 담아서 다니는 것 같다. 내가 이루는 성취와 타인으로부터 받는 인정에 민감하다는 말이다. 그러나 이것은 불안정한 시스템이다. 만약 높은 점수를 받지 못하거나 기준에 미치지 못한다면 어떻게 될까? 내 배낭은 금방 닳아 없어질 것이다. 또한, 아무리 노력해도 그 사람이 내가 바라는 인정을 주지 않는다면? 그러면, 나는 언제든지 내 정체성을 무너뜨리거나 빼앗을 수 있는 외부 요인에 정체성을 좌지우지할 권한을 넘겨준 셈이 된다.

성과를 이루지 못하거나 기대하는 인정을 받지 못했을 때, 당신의 가치는 어디에 있을까? 이유 없이 누군가가 당신을 싫어한다면? 다른 사람이 당신보다 더 큰 집이나 더 좋은 차를 가지고 있다면? 인스타그램에 '좋아요' 수가 늘어나지 않는다면? 세상의 물질적인 것에 사로잡혀 아등바등하지만, 그것들이 우리의 근본적인 욕구를 충족시키지 못하면 어떻게 될까?

예수님은 우리에게 더 강력한 것이 필요하다고 하신다.

우리는 도둑이 훔쳐 갈 수도 없고, 좀도 먹지 않는 보물을 추구해야 한다. 우리의 정체성을 찾기 위해 세상이 아니라 하나님 말씀에서 진리를 찾을 때, 세상의 물질적인 것들에 대한 욕구는 점차 사라질 것이다. 이런 방식으로 살아가면, 우리는 환경에 구애받지 않는 안정된 신뢰와 평안을 얻게 된다.

세상은 우리를 실망시킨다.

사람들은 우리를 실망시킨다.

우리 자신도 스스로 실망시킨다.

하지만 우리를 홀로 두지 않으시는 그분은 절대로 우리를 실망시키지 않으신다. 주님이 우리에게 영원한 삶을 제공하시기 때문에, 우리는 일시적인 것들에서 가치를 찾을 필요가 없다.

시편 9편 10절

여호와여 주의 이름을 아는 자는 주를 의지하오리니 이는 주를 찾는 자들을 버리지 아니하심이니이다.

우리가 인정받기를 원하며 꼭 쥐고 있던 것들을 내려놓는 것은 쉽지 않다. 하지만 자신의 필요를 충족시키려는 노력을 내려놓을 때, 그제야 진정한 자유가 온다. 그리고 우리를 창조하신 하나님을 우리에게 필요한 모든 것의 원천으로 받아들이면, 평안이 찾아온다!

## ✦ 14일 ✦

### 내면의 성소 세우기

하나님 아버지, 당신이 절대로 저를 떠나지 않으실 것이기에 낡아지지 않을 진리의 배낭을 받게 되어서 감사합니다. 내 마음과 영을 세상 것이 아닌 당신에게 맞출 수 있게 인도하여 주옵소서. 그 어떤 것도 당신과 견줄 수 없음을 보도록 내 눈을 열어주소서!
주님, 당신이 필요합니다. 당신의 은혜로 충분합니다. 예수님 이름으로 기도합니다. 아멘.


✦ 함께 읽을 본문 • 시편 9편 7-10절
주님의 본성과, 우리와 함께하심에 대한 진리를 찾아보라.


✦ 나에게 물어보기

당신은 가치를 찾기 위해 무엇에 의존하는가? 우리가 살핀 말씀대로 주님이 선하시다는 것을 믿는가? 어떻게 자신을 내려놓고 그분께 온전히 의지할 수 있겠는가?

# 나는 소망이 없어

주의 말씀대로 나를 붙들어 살게 하시고 내 소망이 부끄럽지 않게
하소서.

시편 119편 116절

"우리 이혼하기로 했다."

14살이던 내가 첫 번째로 세상이 무너지는 듯한 충격을 경험했던 순간이었다. 부모님은 어린 나를 앉혀놓고 자신들의 일방적인 결정을 통보했다. 그 후로 내 인생은 완전히 뒤바뀌었다. 그분들이 뭐라고 더 말했지만, 그 한 문장에 꽂혀 다른 말은 전혀 들어오지 않았다. 나는 그 자리에서 일어나지 못하고, 보라색 벽만 뚫어져라 쳐다보았다. 그들은 나를 안아주신 후 방에 혼자 두고 나가셨다. 그 말의 의미를 머리로는 알았지만, 어린

마음으로는 감당할 수 없었다. 이런 일은 절대 일어나서는 안되는 일이었다.

그 후 한 해가 지나, 엄마는 이사를 가셨고, 나와 형제들은 각각 가방 하나씩을 받았다. 매주 일요일 우리는 일주일 동안 입을 옷을 챙겨 엄마와 아빠 집을 오가며 살아야 했다. 원래 알고 있던 내 어린 시절은 갑자기 사라지고, 대신 트렁크 하나와 부모님의 침묵 그리고 산산조각 난 마음이 그 자리를 대신 차지했다.

내가 살아가던 아름다운 작은 세상은 그렇게 조각이 났고, 나는 처음으로 진정한 가슴앓이를 했다. 분노와 혼란, 부끄러움과 외로움이 교차했다. 내가 꿈꿔왔던 삶은 와장창 깨져버렸고, 주위는 절망으로 가득 찼다. "왜 나한테 이런 일이 일어난 거지?"라는 질문이 계속 맴돌았다.

그 시기 동안 나는 믿음을 가지고 있었지만, 진정한 관계는 없었다. 나는 성경 말씀을 몰랐기 때문에 그분의 진리에 의지할 수 없었다. 그저 생존 모드로 살아갔고, 이 혼란스러운 상태가 앞으로도 나의 당연한 삶이 될 것이라고 생각했다.

고등학교 시절, 나는 남자친구들과 사귀며 내 가슴앓이를 치유하려고 했다. 그들에게 받는 관심으로 나를 채우고 일상을 버텼다. 그러나 그런 관심은 잠깐뿐이었고, 결국 상처만 더 깊어졌다. 그래서 나는 파티로 눈을 돌렸다. 남자친구가 내 마음을 치유하지 못한다면, 파티를 즐기며 인기를 끄는 것으로 상처를 치유하려 했다. 그러나 이 역시 잠깐의 고통 완화에 불과했고, 매일 아침 전날보다 더 큰 무력감과 절망을 느꼈다.

당신도 이와 비슷한 시기를 겪고 있을지도 모르겠다. 삶이 통제 불능이고, 한 줌의 지푸라기를 붙들고 겨우 연명하고 있는 그런 시기 말이다. 그때 내가 가지고 있던 믿음보다 당신의 믿음이 더 견고하길 기도한다. 믿음의 분량과 상관없이 당신이 영원한 소망이 있음을 알았으면 좋겠다.

사도행전 17장에서 누가는 바울 이야기를 전하며, 사람들이 하나님 대신 다른 것을 섬기는 것을 보고 그가 얼마나 고통스러워했는지를 설명하고 있다.

**사도행전 17장 24절**
우주와 그 가운데 있는 만물을 지으신 하나님께서는 천지의 주재시니 손으로 지은 전에 계시지 아니하시고.

이 말씀은 지금도 나에게 엄청난 평안을 안겨준다. 하나님은 세상 혼란에 흔들리지 않으신다는 사실을 잊지 않게 한다. 하나님은 이 세상을 초월하시며, 오늘 나와 당신을 괴롭히는 모든 것을 뛰어넘으시는 분이다.

세상과 그 안의 인간은 모두 결함이 있다. 그들은 우리를 실망시키기도 한다. 그러나 그 모든 것 위에 계신 하나님 아버지가 우리와 함께 계신다는 사실을 잊지 말아야 한다. 바울은 우리의 도움이 어디에서 오는지 계속 상기시킨다.

**사도행전 17장 27절**
이는 사람으로 혹 하나님을 더듬어 찾아 발견하게 하려 하심이로되 그는 우리 각 사람에게서 멀리 계시지 아니하도다.

부모님의 이혼 이후, 나는 건강하지 않은 관계와 행동으로 자신을 위로하려 했지만, 그것들은 단지 일시적인 진통제에 불과했다. 내 마음은 더 근원적인 것을 갈망했다. 그리고 갈망의 대상을 찾아 헤매던 수년이 지난 후, 나는 드디어 예수님 안에서 그 사랑과 소망을 발견했다.

그렇다고 내 문제들이 마법처럼 사라진 것은 아니었다. 부모님이 재결합한 것도 아니었다. 하지만 나는 치유와 용서 그리고 소망에 대해 배웠다. 가족이 회복되는 데에는 시간이 오래 걸렸지만, 나는 인내하고 한결같은 태도로 그 과정을 견뎌냈다. 누가 그 길을 인도하시는지 알고 있었기 때문이다.

오늘도 나는 내 삶과 그 안의 혼란이 생길 때마다 주님께 맡긴다. 그리고 그분이 통치하신다는 진실을 믿기로 선택한다.

나는 하나님이 내 마음의 가장 깊은 부분에도 소망과 치유를 가져다주실 것을 믿는다. 그분은 모든 것이 쉽게 해결될 것이라는 보장은 주지 않으시지만, 그분 자신을 우리에게 주신다. 그리스도 안에는 궁극적인 치유자, 평화의 왕자 그리고 유일하며 진정한 구속자가 계신다. 그분은 오늘 우리를 구원하기를 원하신다. 우리는 그저 그분을 부르기만 하면 된다.

✦ 15일 ✦

## 내면의 성소 세우기

하나님 아버지, 주위의 모든 것이 절망적으로 보일 때 선함으로 임하여 주셔서 감사합니다. 소망으로 채워주셔서 감사합니다. 구하는 자에게 끊임없이 당신의 임재와 평안을 부어주셔서 감사합니다. 어떤 상황을 만나더라도 당신께 구하는 것을 잊지 않게 도와주십시오. 주님! 도움이 필요할 때 언제나 당신께 의지할 수 있기를 기도합니다.

주님, 당신이 필요합니다. 당신의 은혜로 충분합니다. 예수님 이름으로 기도합니다. 아멘.

✦ 함께 읽을 본문 • 시편 107편

주님의 백성이 도와달라고 부르짖을 때 주께서 어떻게 그들을 구원하시는지 주목하여 보라.

✦ 나에게 물어보기

당신을 떠받치던 주변 세상이 무너지고 있다고 느끼는가? 당신은 자신과 이 세상의 것에 소망을 두는가 아니면 주님께 두는가? 하나님이 당신 또한 구원하실 것을 믿는가?

# 나는 고집이 세

누가 누구에게 불만이 있거든 서로 용납하여 피차 용서하되 주께서
너희를 용서하신 것 같이 너희도 그리하고.

골로새서 3장 13절

남편과 나는 친구의 결혼식에서 밤새도록 춤을 추며 즐거운 시
간을 보냈다. 최고로 잘 갖춰 입은 차림이었지만 춤을 추고 나
니 땀범벅이 되어 있었다. 웃음소리가 쉴 새 없이 이어지다 보
니 얼굴 근육이 아파왔고, 지친 발을 좀 쉬게 하려고 하이힐은
벗어 뒷좌석으로 던져 놓았다. 좋은 친구들과 함께한 근사한 밤
이었다.

그러나 그 밤이 깊어짐에 따라 고요함이 우리를 감싸며, 집
에 돌아가는 길 어디쯤에서 갑작스러운 다툼이 일어났다. 웃음

기는 사라지고, 팔짱을 낀 채 남편의 시선을 피하기 위해 창문 밖을 바라보았다. 차고에 차를 주차하자마자, 나는 빠르게 내려 차 문을 힘주어 닫고 집 안으로 뛰어 들어갔다. 그러고는 남편이 쓰는 몇 가지 물건들을 재빨리 쓸어 담아 복도에 집어 던지고는 방문을 잠가버렸다. 기다리는 동안 남편이 2층으로 올라오는 소리를 들으며 참을성 있게 기다렸다.

영원처럼 느껴졌던 순간이 지나고(사실은 5분밖에 되지 않았지만) 남편의 발자국 소리가 들려왔다. 남편이 문을 열려고 할 때까지 기다렸고, 다시 한번 큰 싸움을 대비했다. 그런데 갑자기 남편이 웃음을 터뜨리는 게 아닌가! 웃음은 킥킥대는 소리로 시작해 점점 커져서 박장대소로 이어졌다. 천천히 문을 열어, 복도에 던져놓은 물건들을 들고 있는 남편을 봤다. 가만히 보니 남편의 잠옷과 다음 날 아침 교회에서 설교 준비를 위해 필요한 아이패드였다. 남편이 웃은 이유는 내가 화가 잔뜩 난 상태에서도 그날 남편에게 필요한 물건만 쏙쏙 골라 내놨기 때문이었다. 결국, 나도 웃음을 터뜨렸고, 모든 상황이 잘 해결되었으며 싸움은 잊혔다.

자랑스럽게 내세울 만한 순간은 아니다. 나는 분노에 사로잡혀 이성을 잃고 아이처럼 행동했다. 그러나 이 이야기에는 중요한 교훈이 담겨 있어서, 우리는 많은 예비부부와 신혼부부에게 이 이야기를 나눈다. 다툼의 원인은 기억나지 않지만, 그 다툼이 남긴 웃음과 풀어진 상황은 오늘까지도 우리를 웃음 짓게 한다.

이 다툼은 결혼 첫해에 있었던 일이었고, 그 이후에도 "잘 싸우는" 방법을 제대로 배우기까지는 몇 년이 더 걸렸다. 즉, 우리는 어떻게 빨리 사과하고 진심으로 용서하는지를 배웠다. 결혼만큼 내 모든 자존감을 내려놓고 사과하게 만드는 것도 없다 (육아를 제외한다면 말이다).

우리의 관계가 성장함에 따라, 나는 골로새서에서 바울이 말하는 지혜를 따르려고 노력했다.

골로새서 3장 12절
그러므로 너희는 하나님이 택하사 거룩하고 사랑받는 자처럼 긍휼과 자비와 겸손과 온유와 오래 참음을 옷 입고.

당신은 어떨지 모르겠지만, 나에게는 이런 특성들이 자연스럽게 나타나지 않는다. 솔직히 말하자면, 육신적인 삶을 살아가는 동안에는 이것을 몸에 배게 만들기 매우 어려웠다. 그 결과, 문을 쾅 닫고 잠가버리는 못난 행동을 반복하곤 했다.

바울은 골로새서 3장에서 우리의 과거 삶은 사라지고, 이제는 그리스도와 함께 살리심을 받았다고 말한다. 그러므로 우리는 이전의 방식으로 돌아가지 않도록 위의 것을 찾아야 한다.

그리스도를 만나기 전의 나는 쉽게 불안해하고, 화내고, 원망하는 경향이 있었다. 그러나 하나님은 우리에게 위의 것을 찾고 "긍휼과 자비와 겸손과 온유와 오래 참음"을 입으라고 말씀하신다. 아마 당신은 이 부분에서 나보다 더 능숙할 수도 있겠지만, 상처받거나 부당하게 대우받을 때 이런 덕목을 실천하기란 쉽지 않다는 것에는 모두 동의하리라 생각한다.

삶으로 예수님을 따르기 시작하고, 종일 그분에게 힘을 구하며 부르짖는 삶을 선택하면, 주변에서는 나에게서 완전히 변화된 모습을 발견하기 시작한다. 남편에게 상처를 받았더라도, 이제는 그를 향한 긍휼한 마음이 조금씩 자라나기 시작한다. 아이들이 반복적으로 내 말을 무시하더라도, 인내심을 갖고 기다릴 수 있다. 직장 동료들로부터 부당한 대우를 받을지라도, 겸손과 자비를 선택하는 모습이 드러난다.

그렇다고 모든 감정을 강제로 억누르라는 것은 아니다. 마음속 감정을 표현하고 나누는 것은 건강한 행동이다. 내가 말하려는 것은, 주님께서 나를 얼마나 크게 용서하셨는지를 깨닫게 되어, 용서하는 것이 조금 더 수월해진다는 것이다. 바울은 계속해서 가장 중요한 속성, 즉 사랑을 우리에게 기억나게 한다.

골로새서 3장 14절
이 모든 것 위에 사랑을 더하라 이는 온전하게 매는 띠니라.

하나님을 사랑하며, 그분의 사랑을 받아들이는 순간, 사람들에게 그 사랑을 나누는 것이 더욱 수월해진다. 나를 향한 하나님의 사랑을 경외하는 마음으로 살아가며, 사람들에게 사랑을 전하고 싶어진다.

당신의 과거와 상관없이 하나님은 당신을 사랑하신다. 그분의 사랑은 무조건적이며 영원하다. 하나님은 당신이 그분의 사랑을 받아들이고, 사람들과 나누길 바라신다!

# ✦ 16일 ✦

## 내면의 성소 세우기

하나님 아버지, 내 삶을 은혜로 덮으시고 다른 이들에게 그 은혜를 흘려보낼 수 있게 사용해주셔서 감사합니다. 사람들에게 당신이 주신 것과 같은 긍휼을 보여줄 수 있도록 성령님이 내 안에 그리고 나를 통해 일하시기를 원합니다. 내 삶이 당신의 백성에게 사랑을 보여주는 인생이 되기를 기도합니다.

주님, 당신이 필요합니다. 당신의 은혜로 충분합니다. 예수님 이름으로 기도합니다. 아멘.


✦ 함께 읽을 본문 · 골로새서 3장 1-17절

바울은 어떻게 우리의 옛 삶이 죽었다고 묘사하는가? 그는 우리가 그리스도 안에서 얻은 새 삶을 어떻게 살아가야 하는지 그리고 서로 어떻게 대해야 하는지 지침을 제시한다.


✦ 나에게 물어보기

지금도 누군가에게 원한을 품고 있지는 않은가? 빨리 용서하는 편인가? 용서가 당신의 짐을 어떻게 가볍게 하는가?

# 나는 무서워

> 빛이 어둠에 비치되 어둠이 이기지 못하더라.
>
> 요한복음 1장 5절

하나님의 은혜로 두 딸은 어릴 적부터 편안히 잠자리에 들었다. 주님은 엄마에게도 휴식이 필요하다는 것을 알고 계셨던 것 같다. 딸들에게 굿나잇 키스를 하며 잠자리에 눕히면, 그들은 군말 없이 잠자리에 들고 편안함과 휴식을 즐겼다.

　그러나 3살이 된 첫째 아이, 애니스턴이 어느 날 밤 잠자리에 들기를 거부하며 떼를 쓰기 시작하자, 우리는 무척 놀랐다. 우리는 매일 밤 잠자기 전에 실시하는 루틴을 모두 수행했지만, 문을 닫으려 할 때마다 아이는 비명을 지르며 저항했다. 아이는 흥분 상태에 빠지고, 뭐라고 하는지 이해하기 어려웠지만, 결국

처량하게 하는 말을 간신히 알아들을 수 있었다.

"가지 마세요! 너무 어두워요! 나 너무 무서워요!"

지난 3년 동안, 아이는 같은 집, 같은 방, 같은 어둠 속에서 잠자리에 들었지만, 한 번도 두려움을 표현한 적이 없었다. 그러나 이제는 어둠 속에 무언가가 숨어 있다는 두려움에 떠는 모습이었다. 어둠이 딸아이를 제압한 것이다.

당신도 어둠에 압도당한 적이 있는가?

아마 실제 어둠은 아니겠지만, 세상의 무게가 짓눌러 오는 느낌이랄까? 미래에 대한 두려움에 몸이 굳어버리는 그런 순간 말이다. 걱정이 당신의 마음을 덮치고, 자기도 모르는 사이에 방향을 잃고 어둠 속을 방황하며 안도의 빛을 켜줄 스위치를 찾아 헤매고 있지는 않은가?

이런 두려움이 우리를 계속해서 압도하고 우리의 마음을 채울 때, 마음의 평화를 잃기 쉽다. 그러나 나는 이런 불안함에 지배당하고 싶지 않다. 두려움에 휘둘리는 삶도 싫다. 인생의 험난한 일들이 우리를 덮치면, 마음속에 최악의 시나리오들이 거미줄처럼 퍼져나간다. 하지만 그럴 때일수록, 나는 내가 찾아낸 피난처이자 안식처에 깊고 튼튼한 뿌리를 내리고 싶다. 평정심 유지는 쉽지 않지만, 삶의 여정에서 꼭 필요한 일이다. 거기서 흔들리지 않고, 굳건히 서 있기를 원한다.

내가 사망의 음침한 골짜기로 다닐지라도 해를 두려워하지 않을 것은 주께서 나와 함께 하심이라 주의 지팡이와 막대기가 나를 안위하시나이다.

"여호와는 나의 목자시니"로 시작하는 시편 23편은 우리 대다수에게 잘 알려져 있다. 이 진리에 대해 깊이 생각해봤으면 좋겠다. 다윗도 인생에서 어려운 시간이 있음을 인정한다. 앞으로도 어둠과 시련의 순간을 불가피하게 만나게 될 것이다. 하지만 우리는 불안한 생각들에 빠져 죽을 것인지, 아니면 말씀으로 맞서 싸울 것인지 선택할 수 있다.

다윗은 이어서 "주의 지팡이와 막대기가 나를 안위하시나이다"라고 말한다. 이 말은 주님을 우리의 목자로, 우리를 양으로 비유한 것이다. 우리 교회에서는 "나는 양이다"라는, 강력하면서도 웃음이 나오는 문구를 자주 외친다. 우리가 목자인 그분의 보호가 필요한 무력한 양임을 잊지 않게 하려는 것이다. 양들은 자신을 보호할 힘이 없지만, 그럼에도 그들은 불안해하지 않는다. 양들은 선한 목자가 자신을 보호하신다는 것을 알기에 안심하고 살아간다.

고난이 닥쳤을 때, 우리의 마음은 종종 어둠을 향해 기울기 마련이다. 그러나 이때에 우리가 분명히 새겨야 할 두 가지 진리가 있다. 어두운 골짜기를 걷고 있을지라도, 주님이 여전히 당신을 지켜보고 계시며, 그 어둠 속에서 당신을 인도하시는 이가 바로 하나님이라는 사실이다.

애니스턴이 어둠을 두려워하게 된 후 1주일 동안 아이가 잠자리에 들 수 있도록 도와주기 위해 노력했다. 모든 육아 블로그를 찾아보고, 참고 서적을 뒤져봤다. 나와 마일즈는 딸을 위해 기도했지만, 딸이 우리의 기도에 참여하게 된 후에야 아이의 두려움이 조금씩 가시기 시작했다.

이제 우리는 딸이 잠자리에 들 때 느끼는 두려움을 우리의 기도에 포함시킨다. 우리는 평안과 안위를 주님께 구하고, 걱정을 없애달라고 기도하는 법을 가르쳐주었다. 그리고 잠자리 곁을 떠나면서, "엄마 아빠는 널 지켜보고 있어. 그리고 하나님은 언제나 너와 함께 계신단다"라고 말했다. 그랬더니 글쎄 그조그만 세 살배기 아이가 점차 자신감을 얻어가며, 더 이상 소리를 지르지 않고 평안하게 잠들기 시작했다.

아이의 두려움이 완전히 사라진 것은 아니다. 애니스턴은 여전히 매일 밤 구체적이고 특별한 기도를 해달라고 부탁한다. 불안함이 더 많은 날에는 이러한 기도를 두 번 요청하기도 한다. 아이는 어둠 속에서도 혼자가 아니라는 사실, 그리고 선한 목자가 함께하시기에 두려워할 필요가 없다는 사실을 기억하고 싶어 한다.

우리도 계속 평안을 구해야 한다. 두려움과 불안은 계속해서 우리 마음을 괴롭히겠지만, 보호자 하나님과 함께 이겨내야 한다. 우리는 기도의 힘과 하나님의 말씀을 통해 그렇게 할 수 있다. 그럴 때 우리는 원하는 평안과 안위를 찾을 수 있다.

# ✦ 17일 ✦

## 내면의 성소 세우기

하나님 아버지, 우리를 어둠 속에 홀로 두지 않으심에 감사드립니다. 빛 그 자체이신 당신의 아들을 보내주셔서 감사합니다. 선한 목자 되셔서 모든 순간 나를 인도하시니 찬양을 올려 드립니다. 당신께 모든 권한을 넘겨 드리오니 나를 평안하게 하옵소서.
주님, 당신이 필요합니다. 당신의 은혜로 충분합니다. 예수님 이름으로 기도합니다. 아멘.


✦ 함께 읽을 본문 · 요한복음 1장 1-18절

빛 되시고 말씀을 통해 함께하시는 예수님을 묵상해보자.


✦ 나에게 물어보기

요한복음 1장 12절 말씀은 우리가 하나님을 믿을 때, 그분의 자녀가 된다고 선포한다. 이 말씀을 믿는가? 주님이 선한 목자이시며, 당신을 인도하고 계신다는 사실을 의지하는가?

# 나는 쓸모없어

> 그러므로 이제 그리스도 예수 안에 있는 자에게는 결코 정죄함이 없
> 나니 이는 그리스도 예수 안에 있는 생명의 성령의 법이 되와 사망
> 의 법에서 너를 해방하였음이라.
>
> 로마서 8장 1-2절

내 인생에서 가장 큰 축복 중 하나는 바로 애슐리를 언니로 둔 것이다. 애슐리는 나보다 두 살 반 많은 언니이자, 내 최고의 친구이며, 모든 비밀을 털어놓을 수 있는 몇 안 되는 사람이다. 그녀는 내 삶의 절대적 보물이다. 무슨 일이 생기든, 우리는 가족이기도 하면서, 언니는 나와 항상 함께 있다.

그러나 우리의 관계를 항상 축복으로만 느꼈던 것은 아니다. 어린 시절, 나는 언니와의 관계를 악몽처럼 여기며 대부분

의 시간을 보냈다. 언니는 예나 지금이나 예쁘고, 똑똑하며, 재능이 많다. 내 눈에 언니는 항상 모든 것을 먼저 했고, 심지어 완벽하게 해냈다. 나는 어린 시절에 둘 중 하나를 하면서 보냈다. 언니와 조용히 경쟁하면서 그 뒤를 따르거나, 언니와 같은 것이라면 죄다 거부했다. 어느 쪽이든, 언니보다 더 눈에 띄기 위해 그리고 내가 필요하다고 생각했던 인정을 받기 위해서였다.

형제자매나 친구를 이겨 먹으려고 하면서 인정을 갈구하는 일은 어린 시절에 끝나지 않는다. 부모님, 선생님, 코치의 눈에 띄고자 하는 욕구 또한 쉽게 사라지지 않는다. 이론적으로 우리는 성장하면서 인정받고자 하는 유치한 욕구에서 벗어나야 하는 것이 맞지만, 실제로는 인정을 향한 갈구 또한 같이 커진다. 아무리 나이를 먹어도, 여전히 부모님에게 "잘했다"라는 말을 듣기 원하고, 우리가 이루어낸 일로 사람들의 눈에 들길 바란다. 심지어 이제는 SNS에서 받는 '좋아요' 개수와 모임 초대 빈도로 존재감을 확인받고 싶어 한다.

우리는 완벽한 관계나 이상적인 직업이 있어야 한다고 믿고 계속해서 우리의 수고를 인정받고 싶어 한다. 하지만 지금쯤이면 당신도 나처럼 이런 노력이 지속적인 효과를 가져오지 못함을 깨달았을 것이다.

로마서 8장에서 바울은 산다는 것의 진정한 의미가 무엇인지에 대한 지혜를 나눈다.

로마서 8장 5-6절

육신을 따르는 자는 육신의 일을, 영을 따르는 자는 영의 일을
생각하나니 육신의 생각은 사망이요 영의 생각은 생명과 평안이
니라.


우리의 육신은 다른 사람으로부터 인정을 받아야만 한다
고 끊임없이 우리에게 속삭인다. 그래서 인정받기 위해 육신의
욕망을 따르게 된다. 하지만 바울은 이러한 삶의 방식이 결국은
사망으로 이끈다고 경고한다. 당신도 살면서 이러한 현상을 목
격했을 것이다. 어떤 사다리를 오르든, 사다리 꼭대기에 도달하
더라도 별로 만족스럽지 않은 것 말이다.

감사하게도 바울은 하지 말아야 할 것들 목록만 준 것이 아
니다. 우리 영혼이 그토록 찾아 헤매던 대답을 함께 제공한다!
만약 우리가 성령님과 동행하고 성령님이 원하시는 것에 초점
을 맞춘다면 비로소 평안 속에서 온전한 삶을 살 수 있게 된다.
단순히 말하자면, 인정받기 위한 싸움이 비로소 끝나는 것이다!

당신의 정체성은 그리스도 안에 있다.

앞으로 모든 일에 최선을 다할 것이지만, 이제는 그것이 나
를 정의하지 않는다. 이미 누군가가 나를 대신해 경주에서 승리
하셨다는 사실, 그리고 나 혼자 모든 것을 해야 한다는 부담에
서 벗어났다는 사실에서 안식을 찾는다. 나는 이미 인정받았고

자녀이면 상속자이기도 합니다.

우리가 그리스도와 함께 영광을 받으려고

그와 함께 고난을 받으면,

우리는 하나님이 정하신 상속자요,

그리스도와 더불어 공동 상속자입니다.

·

로마서 8장 17절(새번역)

그 인정은 하나님 아버지께로부터 온다. 가장 어려운 단계는 이 진리를 진심으로 믿고 살아가는 것이다!

로마서 8장 16-17절
성령이 친히 우리의 영과 더불어 우리가 하나님의 자녀인 것을 증언하시나니 자녀이면 또한 상속자 곧 하나님의 상속자요 그리스도와 함께 한 상속자니 우리가 그와 함께 영광을 받기 위하여 고난도 함께 받아야 할 것이니라.

당신은 하나님의 딸이다. 온 우주를 창조하시고 모든 것 위에 군림하시는 왕께서 오늘 당신을 그분의 딸, 곧 상속자로 부르신다. 이것이 당신에게 필요한 유일한 인정과 찬사다!

## ✦ 18일 ✦

### 내면의 성소 세우기

하나님 아버지, 성자 예수님을 이 땅에 보내시고, 성령님이 함께해 주심에 깊이 감사드립니다. 마음 깊은 곳에서 갈망하는 인정, 곧 귀하신 아버지의 사랑하는 딸임을 진정으로 깨닫게 하시어, 그 진리 안에서 굳건히 서게 도와주소서. 이 거룩한 진실을 마음에 품고 걸어갈 수 있도록 저를 이끌어 주시길 기도합니다. 육체의 헛된 욕망들을 내려놓고, 내 영혼이 주님의 안식 속에 편히 쉴 수 있도록 허락해주소서.

주님, 당신이 필요합니다. 당신의 은혜로 충분합니다. 예수님 이름으로 기도합니다. 아멘.

✦ 함께 읽을 본문 · 로마서 8장 1-17절

당신은 성령의 인도를 받아 자녀된 자유와 상속의 약속을 누림으로써 하나님의 자녀답게 살아가고 있는가?

✦ 나에게 물어보기

오늘 당신 자신을 "하나님의 딸"로 부를 수 있는가? 궁극적으로 필요한 인정을 그리스도 안에 있는 당신의 정체성에서 찾을 수 있다는 사실을 믿고, 그 사실로 인해 자신감 있게 살아가는가?

# 나는 순결하지 않아

> 이 뜻을 따라 예수 그리스도의 몸을 단번에 드리심으로 말미암아 우
> 리가 거룩함을 얻었노라.
>
> 히브리서 10장 10절

---

나의 십대 시절은 흑역사로 남아 있다. 예수님을 영접하기 전, 고등학교에 입학한 후부터 2년 동안 이혼한 부모님에게 여러 모양으로 반항하며 살았다. 그와 동시에, 끝없이 친구들의 인정을 받기 위해 무던히 애썼다. 부모님을 무시하고, 파티를 즐기며, 남자친구들과 건전하지 못한 관계를 맺었다. 나는 정신적으로 부서진 존재였고, 주위의 모든 것을 이용해 나의 조각난 자아를 이어붙이려 했다.

그럼에도 주님은 그 기간, 나를 보호하셔서 물리적인 상처

를 입지 않게 하셨다. 하지만 나는 하나님과 새로운 관계를 형성하는 과정에서 과거의 많은 짐을 여전히 짊어지고 있었다. 신앙을 갖게 되면서 은혜에 대해 배웠지만, 나는 초신자였고 주위 사람들에게 쉽게 영향을 받았다.

교회에서 만난 일부 사람들은 나의 과거 죄는 대부분 용서받을 수 있지만, 그렇다고 순결을 되찾을 수는 없다고 말했다. 난 어린 나이에 막살았던 삶을 내려놓고 신앙의 문을 두드린 초신자였다. 하나님과의 관계를 추구하며 새 삶을 살고자 했다. 하지만 처음 가졌던 순수함과는 전혀 다른 죄책감이 들뜬 마음을 짓누르기 시작했다.

나는 결혼식에 순결하게 나올 수 없다고 생각했다. 또한, 과거의 짐이 내 결혼생활에 꼬리표처럼 따를 거라고 생각했다. 나는 이미 망가진 상태라, 마음을 잘 지킨 다른 여자들처럼 될 수 없다고 생각했다. 겨우 17살이었지만, 과거 죄로 인해 미래는 이미 글러먹었고, 내가 할 수 있는 것은 별로 없다고 결론지었다. 만약 이것이 사실이라면, 죄를 버리고 의로움을 추구하는 것이 무슨 의미가 있겠는가?

하지만 감사하게도 이 말은 사실이 아니다.

나는 여러 여성과 소녀에게 멘토 역할을 하면서 이런 일이 계속 일어나고 있음을 보았다. 그들은 예수님과 가까워지길 원하지만, 수치심의 무게 때문에 가까이 나아갈 수 없었다. 나는 이런 거짓말을 퍼뜨리는 사람들이 의도적으로 그렇게 한다고 생각하지는 않지만, 그들의 잘못된 가르침으로 사람들에게 위선과 수치심을 불러일으키고 있다.

그러나 하나님의 말씀에서 나오는 복음은 우리에게 희망을 준다.

히브리서 10장 14절
그가 거룩하게 된 자들을 한 번의 제사로 영원히 온전하게 하셨느니라.

예수 그리스도의 희생으로 우리는 완전함을 되찾았다. 당신의 순결은 잃어버리거나 빼앗길 수 있는 것이 아니다. 그것은 누구 손에도 달려 있지 않고, 오직 하늘에 계신 하나님께로부터 내려온다. 매일 아침, 당신은 하나님의 자비를 맛보며 새로워질 수 있다. 하나님의 은혜를 통해 수치의 사슬에서 벗어나 미래를 소망할 수 있다.

과거의 죄로 영원히 벌을 받는 것이 아니다. 당신의 미래 혹은 현재의 결혼생활이 망가진 것도 아니다. 당신의 죄를 위해 주신 은혜를 받아들이고, 하나님께 더 가까이 나아가며 지금 이 순간 순결을 선택할 수 있다.

이 뜻을 따라

예수 그리스도의 몸을

단번에 드리심으로 말미암아

우리가 거룩함을 얻었노라

.

히브리서 10장 10절

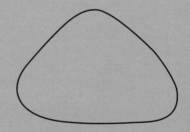

**히브리서 10장 22절**

우리가 마음에 뿌림을 받아 악한 양심으로부터 벗어나고 몸은 맑은 물로 씻음을 받았으니 참 마음과 온전한 믿음으로 하나님께 나아가자.


당연히, 우리는 자기 몸을 소중히 다루어야 하며, 그것으로 하나님께 영광을 돌려야 한다. 이 말씀은 성적인 죄나 다른 죄를 저지르는 것을 합리화하는 구실을 주지 않는다. 그렇지만 하나님은 우리를 순결하게 만드시고, 새로운 피조물로 창조하셨기 때문에, 과거를 떠나 순결하게 살아갈 자유를 얻을 수 있다. 이 은혜를 통해, 우리는 자신의 몸과 모든 것을 통해 의로움을 선택할 특권을 가지게 된다.

우리는 남을 죄책감에 빠뜨리기보다 그들이 예수님을 볼 수 있도록 이끌어야 한다. 하나님은 우리가 죄인 된 순간부터 우리를 아시면서도 구원의 길을 열어주셨다. 당신은 죄로 더럽혀진 존재가 아니다. 예수님의 피로 씻겨 깨끗해졌다. 당신의 미래는 희망이 있다. 왕의 딸이요 보배로운 존재다. 하나님 보시기에 당신은 순결하다.

# ✦ 19일 ✦

## 내면의 성소 세우기

하나님 아버지, 나를 순결하게 하시는 당신의 이름을 찬양합니다. 당신께 죄를 지으며 살았던 것을 회개합니다. 나를 짓누르는 수치심에서 나를 자유하게 하시어 당신이 주시는 깨끗함을 받아들일 수 있도록 도와주옵소서.

주님, 당신이 필요합니다. 당신의 은혜로 충분합니다. 예수님 이름으로 기도합니다. 아멘.

### ✦ 함께 읽을 본문 · 히브리서 10장

예수님의 피로 당신의 죄에 대한 대가가 완전히 치러졌음을 묵상해 보라.

### ✦ 나에게 물어보기

당신이 순결하게 되었다는 것을 믿는가? 죄가 완전히 잊혔다는 것을 믿는가? 당신의 수치심을 떨쳐내고 순수한 은혜를 받아들이려면 어떻게 해야 할까?

# 나는 낙심했어

> 시험을 참는 자는 복이 있나니 이는 시련을 견디어 낸 자가 주께서
> 자기를 사랑하는 자들에게 약속하신 생명의 면류관을 얻을 것이기
> 때문이라.
>
> 야고보서 1장 12절

병원에서 초진자 서류에 서명을 마친 후, 나는 남은 힘을 다해 어린 딸 애니스턴을 안고 차로 향했다. 애니스턴을 카시트에 앉히고 나는 조수석에 앉아 크게 숨을 들이마셨다. 남편 마일즈가 나를 쳐다보며 웃으며 말했다. "진료 예약을 잡아낸 건 정말 다행이야!"

나는 얼굴을 손으로 가리고, 참고 있던 눈물을 흘렸다. 우리는 알레르기 전문 의사를 만나 딸의 검진 결과를 확인했다. 땅

콩 알레르기였다. 한 살 때부터 애니스턴에게 땅콩버터를 먹였지만, 입이 짧은 아이는 받아먹지 않았다(불행 중 다행이랄까). 그러나 두 살이 된 지 몇 개월 전, 땅콩버터를 발라 먹인 것이 큰 문제가 됐다. 온몸에 두드러기가 나자 급히 병원으로 데려갔고, 다행히 잘 회복되어 돌아왔다. 처음엔 그저 일어날 수 있는 우연한 일로 넘길 수도 있었지만, 내 직감은 이것이 단순한 우연이 아니라고 강하게 말하고 있었다.

그래서 알레르기 전문의와 예약을 잡으려고 애썼다. 그 결과, 여기까지 온 것이다. 남편은 애니스턴이 진료를 받게 되어 기뻐했지만, 내 마음은 어린 딸의 미래에 이 일이 어떤 영향을 미칠지 두려움으로 가득 차 있었다.

나는 낙심하고 두려웠다. 아이를 해칠 수 있는 것들이 가득한 세상이란 사실! 집에 도착하면 냉장고에서 버려야 할 음식들을 떠올렸다. 그때 아이가 다니는 유치원, 친구들과의 놀이 약속 같은 내 눈에 보이지 않는 순간들이 스쳐 지나갔다. 어떻게 아이를 보호할 수 있을까? 스스로 보호하는 법을 어떻게 가르쳐줘야 할까? 우리는 앞으로 평범한 삶을 살아갈 수 있을까?

그러나 남편은 늘 그렇듯 태평했다. 마일즈는 원래 "물이 반이나 있네"라고 생각하는 사람이었다. 나는 이런 상황에서도 그가 너무 행복해하는 모습에 짜증이 났다. 그러나 그는 나에게 더 좋은 면을 보게 하려고 노력했다.

"여보, 당신이 진료 예약을 잡으려고 엄청 애썼잖아. 직감적으로 뭔가가 잘못됐다고 확신했지. 덕분에 훨씬 더 심각해지기 전에 애니스턴의 알레르기를 발견할 수 있었어. 우리는 앞으로도 이 상황을 먼저 인지하고 대비해야 해."

마일즈의 말이 맞았다. 애니스턴을 내가 지켜볼 수 없는 상황이 생기면 어쩌나 두려웠지만, 내 마음은 곧 감사로 변했다. 더 큰 일이 일어날 수도 있었고, 아예 더 심각한 진단을 받을 수도 있었다. 하지만 우리는 보호받았다. '그저' 알레르기였을 뿐이었다. 이것보다 더 힘든 상황을 겪는 부모들이 있기에, 나는 내 마음을 연민에서 감사로 바꾸기로 결심했다.

알레르기 진단이 세상에서 가장 힘든 일은 아니다. 훨씬 더 큰 시련을 겪었고, 더 깊이 절망했던 적도 있을 것이다. 나 또한 그랬다. 하지만 지금 이 순간, 남편과 내 반응을 보며 나는 많은 것을 깨달았다. 육신의 목소리만 들었다면 모든 희망을 잃고 절망에 빠졌을 것이다. 하지만 우리에겐 또 다른 선택의 여지가 있었다. 내가 느끼는 실망을 통해 더 큰 소망을 품을 수 있었던 것이다.

야고보서 1장 2-4절
내 형제들아 너희가 여러 가지 시험을 당하거든 온전히 기쁘게 여기라 이는 너희 믿음의 시련이 인내를 만들어 내는 줄 너희가 앎이라 인내를 온전히 이루라 이는 너희로 온전하고 구비하여 조금도 부족함이 없게 하려 함이라.

야고보서는 우리를 안심시키는 말로 시작한다. 야고보는 우리가 시험을 겪게 될지라도 힘을 내라고 당부한다. 이런 장애물들은 우리가 그리스도에게 의지할 때, 그분과의 관계를 더욱 굳건하게 하는 계기가 된다.

부정적인 시선을 떨쳐내고, 우리는 주님의 손길이 이루고 계신 일을 보아야 한다. 딸아이의 땅콩 알레르기 사건을 통해 나는 주님의 긍휼하심을 목격했다. 하나님은 이 문제를 드러내시어, 딸이 더 큰 상황에 처하지 않도록 보호하셨다. 이런 깨달음에 감사하며, 주님께 계속해서 보호를 청하면서 내 기도는 풍부해졌다.

주님은 애초부터 딸이 우리의 소유가 아니라는 것을 가르쳐 주셨다. 딸을 꽉 쥐고 있던 손에서 그녀를 놓을 수 있게 되었다. 딸아이는 궁극적으로 하나님의 소유이며, 아이를 지키는 것은 주님의 역할이다. 이 진실은 내가 필요한 것보다 훨씬 더 큰 자유를 선사했다.

우리는 앞으로도 힘든 시기를 겪게 될 것이다. 주변 환경에 의해 우리 영혼이 흔들리는 것도 당연하지만, 우리에게는 선택의 기회가 있다. 절망적인 삶을 선택할 것인가, 아니면 선한 것에 우리 마음의 문을 열 것인가? 우리는 그리스도 안에 우리의 소망을 두고, 그 여정에서 그분과 더욱 가까워질 수 있다. 그분이 끝까지 우리와 함께하실 것이라는 확신을 가져야 한다!

## ✦ 20일 ✦

### 내면의 성소 세우기

하나님 아버지, 어떤 상황 속에서도 당신께 찬양을 올려드립니다. 이렇게 하는 것은 쉽지 않고, 원수와 내 육신이 시선을 다른 곳으로 돌리게 할 것을 알고 있습니다. 그러나 아버지, 나는 당신이 원하시는 그것을 원합니다. 당신께 더 가까이 가기를 원합니다. 고난 중에서 당신의 긍휼하심을 보기를 원합니다. 당신의 손이 일하시는 것을 볼 수 있는 눈을 주옵소서.

주님, 당신이 필요합니다. 당신의 은혜로 충분합니다. 예수님 이름으로 기도합니다. 아멘.

✦ 함께 읽을 본문 • 야고보서 1장 2-18절

야고보는 우리가 시험을 당할 것이지만 믿음 안에서 인내하라고 우리를 격려한다.

✦ 나에게 물어보기

당신은 낙심했을 때 무엇에 기대는가? 다음에 당신의 마음이 낙심될 때 야고보가 말하는 진리를 사용하여 어떻게 격려를 받을 수 있겠는가?

# 21일

# 나는 준비되지 않았어

---

평강의 하나님이 친히 너희를 온전히 거룩하게 하시고 또 너희의 온 영과 혼과 몸이 우리 주 예수 그리스도께서 강림하실 때 흠 없게 보전되기를 원하노라 너희를 부르시는 이는 미쁘시니 그가 또한 이루시리라.

데살로니가전서 5장 23-24절

---

어느 월요일 아침, 마일즈와 나는 식탁에 앉아서 마일즈가 출근하기 전까지 주중 일정을 확인하느라 분주한 시간을 보내고 있었다. 한 주에 있을 모임과 저녁 식사 약속에 대해 이야기하는데 갑자기 마일즈가 예상하지 못했던 말을 던졌다.

"난 준비가 된 것 같아."

나는 남편이 무슨 의미로 하는 말인지 깨닫고는 충격에 휩싸여 한동안 그를 쳐다보았다.

"정말? 정말 또 애를 갖자고? 정신이 나갔네!"

첫째 딸 애니스턴은 겨우 14개월이었고 그 무엇과도 바꿀 수 없는 존재였지만, 아직은 손이 많이 가는 어린아이였다. 나 역시 다자녀 가정을 원했고 하나님이 허락하신다면 언젠가는 또 아기를 갖게 되길 바랐다. 하지만 오늘은 아니었다. 대부분을 엄마 역할로 힘들어하며 보내고 있던 무렵이었다. 나는 전업주부의 삶을 살고 있었지만, 때로는 그 삶이 버거웠다. 그래서 내가 또 한 명의 아이를 키울 자격이 되는지 확신하고 싶었다.

마일즈는 입가에 미소를 띠고, 내가 횡설수설하며 말하는 이유를 잠자코 들어주었다. 그는 내가 원하는 만큼 기다려도 좋다고 말하면서도, 내게 기도해보라고 부드럽게 권했다.

아침을 마무리하며, 마일즈는 우리가 보내게 될 한 주를 위해 기도하고 있었다. 그 기도 중에 나의 세상은 뒤집어졌다. 내 생애 두 번째로 주님이 크고 명확하게 말씀하시는 음성을 들은 것이었다.

"내가 할 수 있기에 너도 할 수 있다."

오해의 여지가 없었다. 그 순간, 나는 성령님을 통해서만 느낄 수 있는 강렬한 확신을 느꼈다. 나는 해낼 자신이 없었다. 이도 저도 못 하고 허우적거릴 게 분명했다. 하지만 엄마라는 역할을 주신 분은 주님이었고, 그분이 계속해서 그 역할을 해낼 만한 힘을 축복으로 주셨다. 그것이 핵심이었다. 나의 능력을 찾기 위해 그저 그분을 부르기만 하면 되는 것이었다.

그로부터 한 달 후 우리는 임신 사실을 알게 되었다. 내 의심과 두려움에도 불구하고 주님은 우리에게 또 한 명의 생명을 선물로 주셨다. 둘째 아이의 임신을 통해, 내가 예전에는 경험해보지 못한 일을 주님이 하고 계신다는 것을 느꼈다. 내가 엄마 역할을 완벽하게 해낸 것은 아니지만, 그분이 내게 그 역할에 더욱 담대히 임할 수 있는 힘과 지혜를 공급하고 계셨다.

베드로는 주님의 능력과 약속을 통해 담대히 살아가는 것에 대해 이야기한다.

베드로후서 1장 3-4절
그의 신기한 능력으로 생명과 경건에 속한 모든 것을 우리에게 주셨으니 이는 자기의 영광과 덕으로써 우리를 부르신 이를 앎으로 말미암음이라 이로써 그 보배롭고 지극히 큰 약속을 우리에게 주사 이 약속으로 말미암아 너희가 정욕 때문에 세상에서 썩어질 것을 피하여 신성한 성품에 참여하는 자가 되게 하려 하셨느니라.

이번 경험은 나에게 중요한 교훈을 남겼다. 나 혼자서는 불가능하지만, 그리스도 안에는 모든 능력이 있다. 우리는 자기 자신을 구원할 수 없다. 그래서 하나님께서는 아들을 보내주셨

그의 신기한 능력으로

생명과 경건에 속한 모든 것을

우리에게 주셨으니

·

베드로후서 1장 3절

다. 우리 혼자서는 복음에 합당한 삶을 살 수 없기에 예수님은 우리에게 성령님을 보내셨다. 성령님을 통해 우리는 가능성과 능력을 얻는다.

결국 우리 스스로는 무력하다는 것을 깨닫는다. 이 깨달음을 통해, 우리는 모든 필요를 채우시는 주님께 의지하게 된다. 하나님은 우리가 삶의 무대에서 주인공처럼 역할을 충실히 수행하길 원하신다. 그분은 우리가 부여받은 생명의 가치를 깨닫고, 그 가치를 통해 세상에 선한 영향력을 끼치길 바라신다.

그러나 이런 삶을 살아가려면, 우리는 스스로 혹은 자기 영광을 위해 살아가는 삶을 포기해야 한다. 우리에게는 더 높은 부르심과 더 고귀한 삶의 목적이 있다. 만약 주님이 당신에게 약속을 주셨다면, 그 약속을 이루는 동안 필요한 모든 것을 그분이 채우실 것이다. 만약 당신에게 주어진 약속이나 목적을 모른다면, 주님을 찾는 것이 첫걸음이어야 한다.

우리는 하나님의 은혜를 통해 구원받았고, 그 은혜를 통해 능력을 얻는다. 이제 그 능력을 활용할 시간이다!

## ✦ 21일 ✦

### 내면의 성소 세우기

하나님 아버지, 나는 할 수 없지만 무엇이든 하실 수 있는 나의 주님이 되어 주셔서 감사드립니다. 당신 없이는 나는 아무것도 아니고, 나에게는 아무것도 없습니다. 성령님이 내 안에 그리고 나를 통해 일하심을 느낍니다. 하라고 하신 것을 감당할 지혜와 확신을 주셔서 감사합니다.

주님, 당신이 필요합니다. 당신의 은혜로 충분합니다. 예수님 이름으로 기도합니다. 아멘.

✦ 함께 읽을 본문 • 베드로후서 1장 3-11절

베드로는 그리스도 안에 있는 우리에게는 특별한 부르심이 있다고 한다. 이것이 무엇인지 주목해보자.

✦ 나에게 물어보기

당신의 삶에 소명이 있음을 믿는가? 그 소명을 이루기 위한 능력도 함께 주어졌다는 사실이 쉽게 믿어지지 않는가? 오늘 그리스도께 당신의 능력이 되어 달라고 매달릴 수 있겠는가?

# 나는 연약해

내가 네게 명령한 것이 아니냐 강하고 담대하라 두려워하지 말며 놀라지 말라 네가 어디로 가든지 네 하나님 여호와가 너와 함께하느니라 하시니라.

여호수아 1장 9절

처음에 그리스도를 따르기 시작하면서 가장 힘들었던 순간은 내 주변의 불신자들을 대해야 할 때였다. 가장 마음이 아팠던 것은, 사랑하는 사람들이 그리스도를 인정하지 않는다는 사실이었다. 그들을 생각할 때 내 마음은 아려 왔다. 그들도 나처럼 예수님을 알고, 그 자유를 누려보기를 원했다. 그리고 그들이 하나님 아버지의 사랑을 알고, 그분과 함께 영원히 살 수 있는 기회를 얻길 간절히 원했다.

세상을 따르는 친구들은 물론, 가족 대다수도 하나님과 인격적인 관계를 맺는 것이 어떤 의미인지 알지 못했다. 가족들은 내가 교회를 다니는 것을 지지하고 내 생활 방식이 변한 것에 대해서는 인정하면서도 그 삶의 원동력이 어디에서 오는지 이해하지 못했다.

그럼에도 나는 끊임없이 기도했다. 그 기도 속에서 주님이 가족들의 삶을 돌보신다는 약속, 그리고 내 영혼이 갈망하는 것을 보게 되리라고 느꼈다. 하지만 기도가 이어지는 동안에는 아무런 변화도 보이지 않았다. 확신은 점점 흔들리기 시작했고, 주님이 애초에 약속을 주셨는지도 의문이 들었다.

여호수아 1장은 모세가 세상을 떠난 후, 여호수아가 이스라엘의 새 리더로 세워지는 것으로 시작한다. 이스라엘 민족은 아직 약속의 땅으로 향하는 여정을 이어가고 있었고, 하나님은 여호수아에게 계속해서 그분의 약속을 들려주셨다.

여호수아 1장 5-6절
네 평생에 너를 능히 대적할 자가 없으리니 내가 모세와 함께 있었던 것같이 너와 함께 있을 것임이라 내가 너를 떠나지 아니하며 버리지 아니하리니 강하고 담대하라 너는 내가 그들의 조상에게 맹세하여 그들에게 주리라 한 땅을 이 백성에게 차지하게 하리라.

하나님은 여호수아와 이스라엘에게 1장에서만 4번이나 "강하고 담대하라" 하고 용기를 북돋아주신다. 하나님은 그들에게 약속을 이루시리라고 장담하셨지만, 어떻게 약속의 땅으로 이끌어 가실지는 전혀 언급하지 않으셨다. 그들이 밟아야 할 다음 단계만을 알려주실 뿐이었다. 하나님의 백성은 수백 번 그분을 의심하고 소망을 잃었다. 그러나 시간이 흘러 주님은 그들의 모든 여정을 약속대로 인도하셨고, 마지막 장에서 드디어 그들의 기도가 응답받는 것을 볼 수 있었다.

주님은 오늘도 우리를 믿음의 길로 부르신다. 그리스도인의 삶에는 명확한 청사진이나 설명서가 따라오지 않지만, 주님은 한 걸음씩 그분을 따르라고 초대하신다. 우리가 주님을 믿을 때 우리의 믿음은 성장하고, 주님께 의지할 때 우리는 힘을 얻는다. 이런 관계를 통해 우리는 하나님 앞에서 불가능한 것이 없다는 것을 깨닫게 된다.

사랑하는 사람들을 향한 내 마음이 얼마나 따뜻하든, 그들의 구원은 내가 이룰 수 있는 일이 아니었다. 내가 할 수 있는 일은, 그들을 위해 기도하는 것이었다. 주님께서 그들을 돌보실 것이라는 약속을 이루시며, 그들을 믿음의 가족으로 부르신다는 것을 믿어야 했다.

2015년, 9년 동안의 기도에 아무런 응답이 없던 중, 내 믿음을 더욱 시험에 들게 하는 소식을 들었다. 아버지가 암 진단을 받았다는 소식이었다. 나는 깊은 상처를 받았고, 두려웠다. 아버지를 잃을까 봐, 무엇보다 아버지가 어디에 속해 있는지 모른 채 그렇게 될까 봐 두려웠다. 9년의 신앙생활 동안, 아버지는 항상 내 기도의 최우선 순위였다. 아버지는 훌륭한 분이었지만, 아직 그리스도를 인정하지 않고 있었다. 아버지에게 더 많은 시간이 필요해 보이는데, 왜 주님은 그 시간을 줄어들게 허락하셨는지 나는 혼란스러웠다.

그러나 하나님의 방식은 우리의 방식과 다르다. 나라면 아버지에게 절대로 암을 허락하지 않았을 것이다. 하지만 암 진단이 없었다면 아버지는 주님을 영접하지 못했을 것이다. 아버지는 두려움에 휩싸였고, 치유가 필요했다. 그래서 결국 하나님 아버지를 궁극적인 치유자로 영접하셨다. 아버지는 소망을 찾기 위해 말씀을 찾았고, 나는 변화를 직접 목격했다. 아버지는 전에도 좋은 사람이었지만, 이제는 완전히 새로운 사람이 되셨다. 수년간 간절히 기도했던 일들이 하나하나 이루어진 것을 믿을 수가 없었다.

세 달 후 아빠는 세상을 떠났다. 아빠를 잃은 상실감은 어마어마했지만, 그래도 감사하는 마음으로 애도할 수 있었다. 아빠가 돌아가신 것은 충격이었지만, 이제 평온함을 누리고 하나님과 영원히 함께 계실 것을 알기에 감사했다. 세 달 전만 해도 상상도 못 했던 일이었다. 그러나 주님은 거기서 그치지 않으셨다. 아버지의 삶과 죽음의 이야기를 통해, 주변 사람들이 처음으로 주님을 알게 되었다. 아버지를 그리워하면서도, 하나님을 알게 된 다른 사람들의 삶을 보며 기뻐할 수 있었다.

우리의 하나님은 가능성의 하나님이다.

끊어진 길을 이어 붙여 새 길을 만드신다. 절망적으로 보이는 상황에서도 견딜 힘을 주시고, 계속 나아갈 용기를 주신다. 다음에 어떤 단계를 밟아야 하는지, 어디에 발을 댈지 모르는 일은 불안하게 하지만, 믿음으로 살아가면 그분은 절대로 우리를 잘못된 길로 인도하지 않으실 것이다.

만약 하나님이 우리에게 미리 정답을 주셨다면, 우리가 주님을 의지하게 될까? 우리는 믿음의 여정을 통해 하나님의 마음과 일치하게 된다. 더 용감한 기도를 드리고, 중요한 질문을 던져보자. 그리고 우리가 구하거나 상상하는 것보다 더 나은 방식으로 모든 일을 성취하시는 주님을 믿어보자.

## ✦ 22일 ✦

### 내면의 성소 세우기

하나님 아버지, 무한한 가능성의 하나님이 되어 주셔서 감사합니다. 나의 꿈보다 더 크신 당신의 이야기 속으로 나를 초대해주셔서 감사합니다. 내 마음에 의심이 들 때 나에게 믿음을 주시고 모든 것을 잃은 것만 같이 느껴질 때 용기를 주옵소서. 당신의 승리를 목도할 수 있도록 강하게 서 있기를 원합니다.

주님, 당신이 필요합니다. 당신의 은혜로 충분합니다. 예수님 이름으로 기도합니다. 아멘.

✦ 함께 읽을 본문 • 여호수아 1장

하나님이 여호수아와 이스라엘 백성에게 강하고 담대하라고 명하실 때가 언제인지 살펴보라.

✦ 나에게 물어보기

당신 앞에 놓인 길이 당신에게는 불가능해 보이는가? 믿음을 놓쳤는가? 계속해서 전진해 나갈 힘과 용기를 달라고 주님께 기도할 수 있겠는가?

# 나는 소외됐어

> 서로 친절하게 하며 불쌍히 여기며 서로 용서하기를 하나님이 그리
> 스도 안에서 너희를 용서하심과 같이 하라.
>
> 에베소서 4장 32절

마일즈와 나는 결혼 5년 만에 첫 아이를 맞이했다. 그렇게 오랜
시간 동안 서로를 깊게 이해하고 있다고 생각했고, 부부로서 어
떠한 문제도 없다고 믿고 있었다. 그러나 아이를 출산하고 그로
부터 6개월이라는 시간이 흐른 후, 우리는 서로를 완전히 새로
운 시각으로 바라보게 되었고, 서로를 처음부터 다시 이해해야
했다. 아이를 키우는 새로운 역할에 대한 책임감과 이에 따른
다양한 관점들, 그리고 심한 피로감은 우리를 상당히 고단하게
만들었다. 그리고 이런 상황 속에서 상대를 바라보니, 놀랍게도

서로가 이전에 알고 있던 사람과는 전혀 다른, 새롭고 낯선 존재로 보이기 시작했다. 이때가 부부생활에서 가장 힘들었던 시절이었다.

가장 힘들었던 것은, 그 모든 시기를 혼자라는 생각으로 지냈다는 점이었다. 아이를 키우기 시작한 지 6개월이 지났고, 교회를 개척한 지는 3년이 되어가던 때였다. 사모로서, 나는 '영부인' 역할을 해내야 하며, 이상적으로 모범적인 모습을 보여야 한다고 믿었다. 그래서 나는 내 문제를 꽁꽁 숨기고 아무도 보지 못하게 했다.

힘들 때, 내 고통을 알 수 없도록 미소 뒤에 숨어야 한다는 원수의 거짓말을 믿었던 것이다. 주변에는 든든한 동료들이 있었지만, 나는 그들에게 마음을 열지 않고 내 이미지를 지키기 위해 철벽을 쳤다. 결혼생활을 지키려면 이렇게 해야 한다고 생각했다. 사실, 내가 해야 할 일은 친구들과 그런 상황을 공유하고, 그들의 격려를 받으며, 기도를 통해 함께 싸우는 것이었다. 이 사실을 깨닫기까지 오랜 시간이 걸렸다.

이처럼 원수는 내가 연약할 때 혼자 있는 것이 더 좋다고 우리를 쉽게 속인다. 원수는 우리가 피상적인 대화만 나누고, 짐을 서로 나누지 않아서 삶의 무게를 혼자 짊어지게 한다. 우리가 소외될 때 약해지고 취약해진다는 것을 알고 있기 때문에, 그걸 노리는 것이다.

그러나 우리에게는 다른 선택지가 있다. 우리가 죄와 문제를 세상에 떠벌릴 필요는 없지만, 우리가 기도하면 주님은 함께 마음을 나눌 수 있는 안전하고 친밀한 관계를 제공하실 것이다. 서로 격려하고, 기도로 함께 선한 싸움을 감당할 동역자를 보내신다. 당신은 절대 소외되었다고 느낄 필요가 없다. 주님은 항상 당신과 함께 계시며, 주변을 둘러보면 '당신의 사람들'도 당신과 함께 있다.

에베소서 4장에서 바울은 에베소 교회의 신자들에게 교회 안에서의 연합을 강조한다. 이것은 우리가 서로 어떻게 대해야 하는지뿐만 아니라, 우리가 그리스도의 몸 안에서 어떻게 하나 될 수 있는지에 대한 가르침이다.

에베소서 4장 15-16절

오직 사랑 안에서 참된 것을 하여 범사에 그에게까지 자랄지라 그는 머리니 곧 그리스도라 그에게서 온몸이 각 마디를 통하여 도움을 받음으로 연결되고 결합되어 각 지체의 분량대로 역사하여 그 몸을 자라게 하며 사랑 안에서 스스로 세우느니라.

우리에게는 모두 각자의 역할이 있다. 그러나 우리는 또한 한 몸이기도 하니 서로를 돕고 지탱해야 한다. 우리는 혼자가 아니라, 함께 성장할 수 있는 공동체의 일원으로 살아가도록 창조되었다.

마침내 나는 생각과 감정을 나눌 수 있는 안전한 사람들을 만났다. 이들을 찾으려면 당신 편에서도 인내와 지혜가 필요하다. 그리고 무엇보다도 기도를 통해 찾아야 한다. 몇 달 동안 혼자 기도한 후, 드디어 나와 함께 기도하고 주기적으로 나를 찾아오는 친구들이 생겼다.

주님께서 당신에게도 이런 관계를 기꺼이 주실 것이다. 주님은 나에게 믿음직하고 친절한, 나와 비슷한 신앙을 가진 사람들과 만나는 축복을 주셨다. 덕분에 나는 원수의 거짓말을 이기고, 그들과 마음을 나눌 수 있었다. 짐이 가벼워진 것을 금방 느꼈다.

완벽한 이미지를 잠시 내려놓고 도움이 필요하다고 말하자, 마음이 한결 가벼워졌다. 더구나 내 감정을 인정받는 경험을 했다. 첫 아이를 가진 후 힘들어하는 부부가 우리만이 아니라는 사실을 알게 되니, 큰 위로가 되었다.

이 시기에 남편과 나는 새로운 리듬을 찾았고, 서로에게 다시 한번 가까워졌다. 하나님의 긍휼로 우리 관계는 주변 사람들을 통해 치유되었다. 나는 더 이상 혼자라고 느끼지 않는다. 고난을 함께 견디고, 좋은 일을 함께 축하해주는 사람들이 있다. 내 곁에는 나와 함께하는 공동체가 있다.

주님은 당신도 이런 특별한 공동체를 찾기를 원하신다. 당신은 혼자 짐을 짊어지거나, 혼자 기뻐하지 않아도 된다. 어떤 우여곡절이든, 당신과 함께 삶을 공유하고, 당신을 끝까지 지지해줄 사람들을 찾아보라. 그리스도 안에서 연결된 공동체는 절대로 놓칠 수 없는 인생의 보물이다!

## ✦ 23일 ✦

### 내면의 성소 세우기

하나님 아버지, 서로 연합하여 살아가는 귀한 공동체를 주셔서 감사합니다. 교회는 아름다운 곳이며 그곳에서 넘쳐흐르는 축복을 놓치고 싶지 않습니다. 더 이상 외롭게 살아가고 싶지 않습니다. 내 주변에 안전한 사람들을 찾을 수 있도록 지혜와 용기를 주옵소서. 주님, 당신이 필요합니다. 당신의 은혜로 충분합니다. 예수님 이름으로 기도합니다. 아멘.

✦ 함께 읽을 본문 • 에베소서 4장

우리가 한 몸으로서 어떻게 동행할 수 있는지에 대해 깊이 주목해 보자.

✦ 나에게 물어보기

당신의 삶에는 신뢰할 수 있는 동료들이 있는가? 당신과 함께 기꺼이 선한 싸움을 벌이는 사람들이 있는가? 그런 공동체를 찾아가는 데 용기를 내려면 어떻게 해야 할까?

# 나는 비교당했어

> 자랑하는 자는 주 안에서 자랑할지니라 옳다 인정함을 받는 자는 자기를 칭찬하는 자가 아니요 오직 주께서 칭찬하시는 자니라.
>
> 고린도후서 10장 17-18절

대학 시절, 나는 대학생과 청소년을 위한 사역에 참여해 은혜를 누렸다. 그리스도인이 된 지 얼마 안 되었던 나는 아름다운 별이 가득한 밤하늘 아래에서 성경을 공부하고 예배를 드리며, 신앙생활의 토대를 마련했다. 그곳에서 하나님의 말씀을 더 깊게 배우며, 서로 격려하는 좋은 공동체를 찾았다. 우리는 매주 목요일마다 모였고, 그것은 바로 주말을 맞이하는 최고의 방법이었다.

그리고 그 밤은 나를 마음껏 뽐내는 밤이기도 했다. 대학 시절, 나는 아르바이트를 했고, 부끄럽게도 월급 대부분을 옷 쇼핑에 썼다. 목요일 밤이 다가올 때면, 나와 룸메이트는 쇼핑몰에 가서 그 주에 입을 새 옷을 샀다. 당연히 "입을 만한 옷이 없었기" 때문이었다.

내가 참석했던 그 대학교 사역은 참 아름다웠다. 그곳은 아름다운 사람들로 가득 차 있었다. 우리는 주말에 파티에 가는 대신, 아름답게 차려입고 그 모임에 참석했다. 지금 돌이켜 생각하면, 우리가 예수님을 닮아가기 위해 예배에 참석하면서도, 사실은 다른 사람보다 더 예쁘게 보이려고 애썼다는 것이 조금 부끄럽다.

지금 이 세대는 비교의 함정에 빠지기가 훨씬 쉬운 환경에서 살아간다. 이제 우리는 TV에 나오는 연예인들과 비교하는 것뿐만 아니라, 핸드폰을 꺼내기만 해도 볼 수 있는 친구들이나 동료들과도 나도 모르게 비교한다. 외모, 사회적 지위, 학력, 직업, 심지어는 자녀까지 비교한다. 손가락 하나만 움직이면, 전 세계의 인스타그램과 쇼츠 동영상에 접속할 수 있고, 거기에 올라온 게시물들을 보며 비교하지 않고 중심을 지키기란 심히 어려운 일이다.

옷을 잘 입는 것이 나쁘다는 의미가 아니다. 그리고 소셜 미디어를 반대하는 것도 아니다. 개인적으로는 여전히 옷 입는 것을 정말 좋아하고, 재밌게 코디해서 입는 것도 즐긴다. 또한 온

라인을 통해 친구들의 소식을 접하고, 사람들이 SNS를 통해 공유하는 여러 소식과 지식을 보는 것도 좋아한다. 그러나 조심하지 않으면, 그 옷과 화면 뒤에 숨겨진 마음이 문제가 될 수 있다.

고린도후서 10장 12절
우리는 자기를 칭찬하는 어떤 자와 더불어 감히 짝하며 비교할 수 없노라 그러나 그들이 자기로써 자기를 헤아리고 자기로써 자기를 비교하니 지혜가 없도다.

빌립보서 2장 3-4절
아무 일에든지 다툼이나 허영으로 하지 말고 오직 겸손한 마음으로 각각 자기보다 남을 낫게 여기고 각각 자기 일을 돌볼뿐더러 또한 각각 다른 사람들의 일을 돌보아 나의 기쁨을 충만하게 하라.

고린도후서 10장에서 바울은 우리가 자신을 비교하는 것이 지혜롭지 않다고 말하고, 빌립보서 2장에서는 이기적인 이익을 추구하는 행동을 하지 말라고 강조한다. 이런 진리는 우리 모두가 이미 알고 있을 것이다.

그렇다면 우리는 이런 '비교의 틀'에서 어떻게 벗어날 수 있을까? 그 답은 우리가 누구인지, 즉 우리의 정체성을 아는 데에 있다. 하나님의 사랑으로 우리 생활을 채우고 살아간다면, 우리의 가치를 찾기 위해 비교할 필요가 사라진다. 바울은 고린도후서 10장에서 주님만이 가치 있는 분이기에 그분을 자랑하라고 강조한다.

만약 우리가 다른 이들과 비교를 통해 자신의 가치를 찾으려 한다면, 우리는 결코 만족할 수 없다. 그것은 마치 결승선이 정해지지 않고 끝없이 이어지는 경주와 같다. 하지만 우리가 주님 안에서 주님이 이루신 것을 자랑한다면, 남의 인정을 받기 위해 주위를 둘러볼 필요가 없음을 알게 된다.


주님 안에서 우리는 필요한 모든 것을 찾을 수 있다. 그분이 주신 나의 고유한 만족을 충족하기 위한다면, 옷 스타일이나 소셜 미디어 게시글에 건강한 마음으로 접근할 수 있다. 가령, 나는 전업 주부라서 대부분 시간을 청바지와 티셔츠를 입고 보낸다. 그러나 일요일만은 멋지게 차려입을 수 있다. 그날을 기다리지 않는다고 하면 거짓말일 것이다. 하지만 이제는 사람들의 시선을 받기 위해 꾸미는 것이 아니라, 옷을 입는 것이 나에게 즐거움을 주기 때문에 꾸미게 된다.

우리는 서로 비교하며 경쟁하기보다, 그리스도 안에서 우리에게 주어진 아름다움을 확신하며 살아가야 한다. 바울이 빌립보서에서 말했듯이, 다른 이들과 경쟁하지 않고 오히려 서로를 위해 헌신하며 살아간다면 어떨까? 서로 질투하고 비난하는 대신에 격려와 지지로 연결되어 있다면 어떨까?

우리는 각자에게 있는 독특함으로 하나님께 사랑받는다. 당신과 이웃들 모두가 그렇다. 결국, 우리가 필요로 하는 유일한 인정은 하나님께 받는 사랑이다. 이 세상에서 받는 어떤 인정도, 그 무엇도 하나님의 사랑만큼 우리의 가치를 확증해주지 못한다.

# ✦ 24일 ✦

## 내면의 성소 세우기

하나님 아버지, 내 모습 그대로 당신의 딸이라 불러 주셔서 감사합니다. 사람들과 경쟁하면서 가치를 찾았던 것을 회개합니다. 다른 사람들이 나를 정의하도록 두지 않겠습니다. 오직 당신만이 제 정체성을 결정하실 수 있습니다. 당신 안에서 온전해지고 주변의 자매들을 위해 싸울 수 있기를 원합니다.

주님, 당신이 필요합니다. 당신의 은혜로 충분합니다. 예수님 이름으로 기도합니다. 아멘.

### ✦ 함께 읽을 본문 • 고린도후서 10장

바울은 왜 자랑하는 것과 따지기 좋아하는 것을 금하고 있을까?

### ✦ 나에게 물어보기

당신은 끊임없이 비교의 함정에 빠져들고 있지 않은가? 주변의 성공을 보면서 당신의 감정은 흔들리는가? 이런 동요에서 벗어나는 방법은 무엇일까?

# 나는 들켰어

너희가 전에는 어둠이더니 이제는 주 안에서 빛이라 빛의 자녀들처럼 행하라.

에베소서 5장 8절

첫째 딸, 애니스턴은 태어나자마자 말이 많은 아이였다. 아주 어릴 때부터 단어를 빠르게 습득하고, 말문이 트이자마자 끊임없이 이야기했다. 어느 순간 "엄마"라는 말을 배우더니 바로 완전한 문장으로 말할 수 있게 되었고 두 살이 되자 완벽한 대화를 나눌 수 있을 정도가 되었다.

나와 마일즈는 부모로서 애니스턴의 언어 능력이 또래보다 앞서 있다고 느꼈다. 확실히 어릴 때부터 원활하게 소통할 수 있었던 덕분에, 육아는 상대적으로 수월했다. 아이의 많은 생각을 듣는 것은 언제나 즐거웠다. 그러나 우리는 아이의 감정적 성숙도도 언어적 성숙도와 같을 것이라는 잘못된 기대를 품었다. 또한, 자기감정을 언어로 전달하는 능력이 있어도, 항상 그렇게 하는 것도 아니었다. 대부분은 감정을 말로 표현하기보다는 떼를 부리거나 짜증을 내는 방식으로 표현했다.

딸의 비상한 소통 능력 때문에, 아이가 실제로 몇 살인지를 잊곤 했다. 초등학생처럼 이야기하는 데에 익숙해져, 아이의 감정적 발달 수준도 동일하리라 생각했던 것이다. 하지만 현실에서는 전형적인 두 살배기처럼 행동했다. 어휘력은 풍부했지만, 감정적 발달 수준은 그저 두 살배기였던 것이다. 어른들처럼 복잡한 감정을 다루는 방법을 배우려 애쓰는 귀여운 어린아이일 뿐이었다.

우리의 영적, 감정적 성숙도 우리를 뒤늦게 따라온다. 우리가 그리스도를 구세주로 영접하면, 새로운 삶의 방식으로 부르심을 받게 된다. 하나님은 우리를 어둠의 삶에서 그분의 빛으로 이끌어 나오신다. 이 과정에서 하나님은 우리의 죄까지도 빛 가운데로 드러내신다. 우리에게 수치심을 주려고 그렇게 하시는 것이 아니다. 하나님은 우리의 죄를 빛 가운데로 드러내심으로써, 우리가 옛 자아를 내려놓게 하신다. 그분은 우리를 빛 가운데로 데리고 가셔서 그분의 자녀로서 자유롭게 살 수 있도록 그렇게 하신다.

에베소서 5장에서 바울은 우리가 그리스도 안에 있게 되었을 때 어떻게 살아야 하는지 이야기한다.

에베소서 5장 1-2절
그러므로 사랑을 받는 자녀같이 너희는 하나님을 본받는 자가 되고 그리스도께서 너희를 사랑하신 것같이 너희도 사랑 가운데서 행하라 그는 우리를 위하여 자신을 버리사 향기로운 제물과 희생제물로 하나님께 드리셨느니라.

바울은 다음으로 3-6절에 걸쳐 우리가 피해야 할 행동들을 언급한다. 상당히 엄격하게 느껴질 수 있지만, 그의 목표는 우리에게 규칙 목록을 강요하는 것이 아니다. 우리가 죄의 습성에 사로잡혀 살아가면, 하나님 아버지를 아는 것에서 비롯되는 진정한 자유를 체험하는 데에 장애가 되기 때문이다.

세상을 위해 살아간다면 우리는 결코 진정한 자유를 누리지 못한다. 아무리 기준에 부합하려 애쓰더라도 완전히 성공할 수는 없다. 그러나 예수 그리스도께서 우리를 자유롭게 하시려고 피 흘리신 것을 기억할 때, 우리는 오늘 주어진 무조건적인 은혜와 사랑으로 한 걸음 나아갈 수 있다.

자신을 의지하는 사람들은 상황에 따라 가면을 바꿔 쓰길 잘한다. 이런 식으로 주변 사람을 속이고, 때로는 자신조차도

잠자는 자여

깨어서 죽은 자들 가운데서 일어나라

그리스도께서 너에게 비추이시리라

.

에베소서 5장 14절

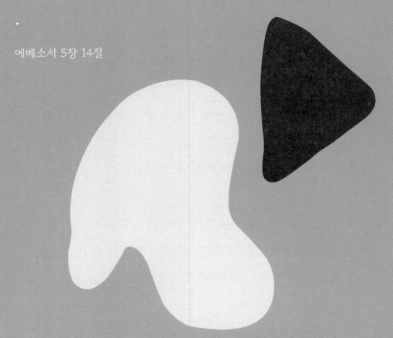

속이려 든다. 그러나 결국에는 부서진 모습이 드러난다. 우리는 모두 결국 부서진 존재일 뿐이다. 그러나 그런 우리에게도 소망이 있다.

우리의 본질이 드러나는 것은 우리를 부끄럽게 하지 않는다. 오히려, 그것은 우리가 하나님의 아름다운 창조물임을 확인하는 기회다. 조각난 부분을 반창고로 겨우 가리며 살아갈 필요도 없다. 우리를 빛 가운데서 살아가게 하는 소중한 선물을 받았기 때문이다. 이제 당신은 온전해질 기회를 얻었다. 완전하게 이해받고, 완벽하게 흠 없는 삶을 살 수 있다.

이 선물은 하나님 아버지를 알게 되면서 받게 되는 것이다. 그분은 오늘 당신에게 이 선물을 주고 싶어 하신다. 가면을 벗고, 어둠을 뒤로 남기고 나아가라. 오늘 그분과 함께 빛 속에서 살아가라.

## ✦ 25일 ✦

### 내면의 성소 세우기

하나님 아버지, 저를 위해 당신의 아들을 보내주셔서 감사합니다. 지금껏 스스로에게 의지하느라 너무 지쳤습니다. 지금 오셔서 저를 구원해주소서. 당신의 은혜가 이 세상이 줄 수 있는 그 어떤 것보다 더 낫다는 것을 알기에 오늘 그 안으로 걸음을 내딛기를 원합니다. 주님, 당신이 필요합니다. 당신의 은혜로 충분합니다. 예수님 이름으로 기도합니다. 아멘.

✦ 함께 읽을 본문 • 에베소서 5장 1-20절
구원받은 하나님의 자녀가 살아가야 할 지혜와 감사로 가득 찬 삶을 음미해보자.

✦ 나에게 물어보기
당신은 하나님의 말씀을 강요된 규칙으로 받아들이는가, 아니면 자유를 얻게 하는 지침으로 인식하는가? 오늘 어떻게 하면 빛의 세계로 나아가, 하나님의 무조건적인 은혜를 받아들일 수 있을까?

# 나는 억울해

모든 사람과 더불어 화평함과 거룩함을 따르라 이것이 없이는 아무
도 주를 보지 못하리라 너희는 하나님의 은혜에 이르지 못하는 자
가 없도록 하고 또 쓴 뿌리가 나서 괴롭게 하여 많은 사람이 이로
말미암아 더럽게 되지 않게 하며.

히브리서 12장 14-15절

내가 초등학교 3학년 때의 담임선생님은 참 훌륭한 분이었다.
그분은 친절하고, 따뜻하며, 창의적이며, 무엇보다 흥미롭게 가
르치셨다. 그때의 나는 민감한 아홉 살이었지만, 그분은 나에게
깊은 인상을 남겼고, 그때부터 나도 언젠가 선생님이 되고 싶다
는 마음을 먹게 되었다.

그 후 15년이 흐르고, 나는 꿈을 이루었다. 대학에서 교육학
을 전공하고, 초등학교에서 교사로 일하게 된 것이다. 가끔 체

력적으로 힘들긴 했지만, 그래도 보람 있는 일이었다. 초등학교 1학년 담임으로서 모든 열정을 쏟았다. 교육학과에 진학을 원하는 청년 여학생들을 위해 도움을 주려고 노력하기도 했다.

그러다 한 학생이 만남을 취소하고 보낸 문자를 받았다. "그동안 감사했습니다. 하지만 저는 전공을 바꿔서 사람들에게 직접 영향력을 발휘할 수 있는 사역에 참여하기로 했습니다." 나는 그 글을 보고 충격에 휩싸였다. 학생의 말은 마치 나에게 한 방을 날린 것 같았다.

나는 물론 사역에 직접 참여하는 것도 중요하다고 생각했다. 당시에 남편이 사역자로 일하고 있었고, 교회 간사들의 역할이 내 삶에도 큰 영향을 미치고 있었으니까. 그러니 학생이 사역으로 부르심을 받았다면, 나도 그녀를 응원하고 싶었다. 그런데 이런 생각이 자꾸만 나를 괴롭혔다. '왜 자기 역할이 나보다 중요하다고 생각하는 거지? 가르치는 일이 사람들에게 영향력을 발휘하지 못한다고 생각하는 걸까? 그리고 날 무시하는 거야?'

물론, 학생이 일부러 나에게 상처 주려고 한 말은 아니었다는 것쯤은 안다. 그저 자기 말이 상대방에게 어떻게 받아들여질지 생각하지 않았을 뿐이다. 우리는 종종 다른 사람의 말과 의도를 잘못 이해한다. 하지만 그렇다고 다른 사람의 감정을 상하게 할 권리를 받은 것은 아니지 않은가?

첫 아이를 낳고 교직을 떠나기로 결정했을 때도 비슷한 일을 겪었다. 일부 사람들은 내가 직장을 쉽게 포기한다며 비난했다. 그들은 나를 게으르다고 느꼈고, 커리어 우먼다운 모습을 딸에게 보여주지 못하는 것이라고 비난했다.

왜 우리는 항상 옳고 그름을 따지려고 할까? 왜 커리어 우먼과 전업주부를 같은 선상에서 인정하지 못할까? 왜 그들은 나의 삶에 대해 이래라저래라 논할 수 있다고 생각하는가? 왜 우리는 이런 태도가 정상적이고 괜찮다고 여기는 걸까?

하나님은 우리 모두를 독특하게 창조하셨기에, 각자에게는 자기만의 고유한 생각이 있다. 다른 견해를 가진 사람을 무시하는 대신, 한 걸음 물러나서 자신을 돌아보아야 한다. 다음번에 다른 사람의 의견에 동의하지 않을 때, 그들을 판단하려 할 때, 이렇게 자문해보라.

"이렇게 하면 누구에게 도움이 될까?"

"왜 나는 자신을 증명해야 한다고 생각하지?"

"내가 그 사람보다 더 나은 점은 무엇일까?"

우리는 서로 돕고, 중요한 문제를 해결하기 위해 함께 싸워야 한다. 하지만 싸움 그 자체를 위해, 단순히 자기 기분을 풀려고 다른 사람을 무시한다면 아무에게도 도움이 되지 않는 진흙탕 싸움이 된다.

요한복음 8장 전반부에서 바리새인들은 예수님을 시험하

려 하여 음행 중에 붙잡힌 여성을 데려왔다. 그들은 그 여자를 돌로 쳐야 하는지 예수님께 물었다. 이에 대한 예수님의 답변은 성경에서 가장 잘 알려진 말씀 중 하나다.

요한복음 8장 7절
그들이 묻기를 마지 아니하는지라 이에 일어나 이르시되 너희 중에 죄 없는 자가 먼저 돌로 치라 하시고.

그 말씀을 듣고, 사람들은 하나씩 떠나기 시작했고, 결국엔 예수님과 여자만 남았다. 그 여자가 죄를 짓긴 했지만, 예수님은 그곳에 있는 모든 사람도 죄 없는 사람은 없다는 것을 아셨다. 그리고 예수님은 여자에게 말씀하셨다.

요한복음 8장 11절
예수께서 이르시되 나도 너를 정죄하지 아니하노니 가서 다시는 죄를 범하지 말라 하시니라.

예수님은 여인을 정죄하지 않으시고 용서하셨다. 이 만남을 통해 예수님은 우리 모두가 죄인이고, 그래서 다른 사람을 비난할 권리가 없다는 것을 가르치셨다. 우리는 모두 우리를 용서하시고 자유롭게 해주실 구세주를 필요로 하는 깨어진 사람들이다. 이런 구원의 은혜를 받아들이고 그 안에서 살아갈 때, 남을 정죄하는 마음은 사라지고 그 은혜를 나누는 법을 배우게 된다.

우리의 신념을 위해 목소리를 내는 것과 약자를 위해 목소리를 내는 것은 중요하다. 하지만 증오의 마음으로 그렇게 하는 것은 옳지 않다. 하나님은 우리를 세상의 빛으로 부르셨다. 이웃을 사랑함으로써, 우리는 빛이 될 기회를 얻는다. 예수님처럼 용서함으로써, 우리는 빛이 될 수 있다. 세상의 증오를 한 번에 멈추게 할 수는 없지만, 예수님처럼 은혜와 사랑을 가지고 사람들을 대하며, 일상에서 작은 차이를 만들어가면서 증오가 이어지는 것을 끊어 나갈 수는 있다.

이웃의 결정이나 삶의 방식에 대해 의문을 제기하고 다투기보다, 그들을 위해 기도해보는 것은 어떨까? 그들을 격려한다면? 잘못된 점을 지적하기보다는 좋은 점을 찾아보는 것은 어떨까? 이때다 싶어 그들을 비난하기보다 그들의 잘한 점을 칭찬해주는 것은 어떨까?

# ✦ 26일 ✦

## 내면의 성소 세우기

하나님 아버지, 나의 죄의 크기로 나를 대하지 않으신 주님께 감사드립니다. 예수님의 보혈로 먼저 나를 용서해주셔서 감사합니다. 당신의 발자취를 따라 걷고 사람들을 사랑할 수 있기를 기도합니다. 그리고 정죄함 없이 빛나는 주님의 자녀로 살기를 기도합니다. 남을 깎아내리는 데서 자기 가치를 찾지 않기를 원합니다.

주님, 당신이 필요합니다. 당신의 은혜로 충분합니다. 예수님 이름으로 기도합니다. 아멘.

### ✦ 함께 읽을 본문 · 요한복음 8장 2-11절

음행한 여인의 이야기를 읽어보고 예수님이 약자를 대하시는 방식을 살펴보라.

### ✦ 나에게 물어보기

다른 사람의 실수를 보면서, 그것을 비난함으로 자신을 높여본 적이 있는가? 그렇게 했을 때 어떤 생각이 들었는가? 우리는 어떻게 예수님처럼 용서를 택할 수 있을까?

# 나는 조급해

내가 여호와는 기다리고 기다렸더니 귀를 기울이사 나의 부르짖음
을 들으셨도다.

시편 40편 1절

당시 나는 스물두 살이었고, 신혼 시절이었다. 마일즈와 나는
결혼한 지 6개월이 되었고 처음으로 명절을 맞이했다. 휴일에
나는 편안한 시간을 보내며 우리의 삶을 여유 있게 즐기게 될
생각에 신이 났다.

그런데 평화롭고 로맨틱한 휴일에 대한 기대감은 크리스마
스를 얼마 앞둔 어느 날 저녁, 내 가슴 위쪽에 혹을 발견하면서
완전히 산산조각 났다. 그 부위가 작은 구슬처럼 부풀어 있는
것을 보며, 공황 상태에 빠졌다. 나는 겁에 질려 인터넷을 뒤지

기 시작했고, 결국은 무언가 심각한 문제가 있을 것이라는 결론을 스스로 내렸다(그렇다, 최악의 대처법이다). 나는 스스로 진단을 내리고, 이제 좋은 날은 끝났다고 확신했다.

다행히도, 남편 마일즈는 나보다 더 이성적으로 반응했다. 그는 아무 일도 없을 것이라고 말하면서도 나를 위해 병원 예약을 잡으라고 권했다. 가장 빨리 진료받을 수 있는 날짜는 2주 뒤였다. 이 문제를 아무도 심각하게 받아들이지 않는 것에 솔직히 화가 나서, 직접 이 문제를 해결하려고 애썼다.

나는 하나님께 평안과 건강을 달라고 기도했지만, 그것은 사실 기도해야 한다는 의무감에서였지, 진심으로 하나님을 신뢰하는 마음은 아니었다. 그런 다음, 나는 혼자서 문제를 해결하려는 시도에 몰두했다. 외출도 꺼리고, 세상이 나의 두려움과 고통을 이해해줄 것이라고 생각하지도 않았다. 나는 심지어 하나님조차도 전혀 신뢰하지 않고 있었다. 하나님을 믿는다고 고백하는 것이 어떤 의미인지 나는 다시 배워야 했다.

이사야 30장에서 이스라엘 백성은 비슷한 상황을 겪고 있다. 당시 앗수르 군대가 침략해오기 직전이었다. 그들은 주님이 제공하실 보호를 기다리지 않고, 애굽으로 달려가 조약을 맺었다. 이제 이스라엘의 안전은 그들의 하나님이 아닌, 애굽의 바로에게 있는 듯했다. 그들은 눈앞에 보이지 않는 하나님의 보호를 믿지 못했다.

이사야 30장 15-16절

주 여호와 이스라엘의 거룩하신 이가 이같이 말씀하시되 너희가 돌이켜 조용히 있어야 구원을 얻을 것이요 잠잠하고 신뢰하여야 힘을 얻을 것이거늘 너희가 원하지 아니하고 이르기를 아니라 우리가 말 타고 도망하리라 하였으므로 너희가 도망할 것이요 또 이르기를 우리가 빠른 짐승을 타리라 하였으므로 너희를 쫓는 자들이 빠르리니.

하나님을 믿는 것이 우리의 힘인데도 불구하고 대다수는 기다리지 않고 스스로 행동에 나선다고 주님은 말씀하신다. 우리는 자기 자신을 의지한다. 잠깐 혹은 어느 기간은 효과가 있을지 모른다. 하지만 결국 우리의 힘이 주님께 뿌리 박혀 있지 않으면 언제나 추락하고 만다.

기다림은 죽도록 힘들었지만, 드디어 진료받을 날이 왔다. 의사는 별것 아니라며, 그래도 혹시 모르니 전문의를 찾아가라고 권했다. 그 말을 듣고 숨을 다시 쉴 수 있었다. 나는 말 그대로 폴짝폴짝 뛰면서 병원 문을 나섰다.

며칠 후, 가벼운 마음으로 전문의 진료실에 들어갔다. 하지만 거기서 나의 희망은 또다시 가라앉았다. 의사는 이것이 '아무것도 아닌' 상황이 아니라, 정밀 검사가 필요할 것 같다고 말했다. 그렇게 나는 여러 의사와 간호사에게 여기저기 찔려가며 검사를 받았다. 사진상으로는 무엇인지 확실히 판단하기 어려워, 의사는 조직검사를 시행했다. 결과는 며칠 후에 나온다고 했지만, 크리스마스 휴일이 끼어 있어서 더 오래 걸릴 수도 있다고 했다. 그러한 상황 속에서도 마일즈와 나는 결혼 후 첫 크리스마스를 함께 보냈다.

진료실 문을 나서며, 마음은 산산이 부서졌다. 환경의 변화에 휘둘리며 내 희망과 힘을 외부 상황에 의존하게 되자, 내 감정은 한없이 요동쳤다. 기다림이 다시 찾아왔고, 나는 모든 것으로부터 도망치듯 숨고 싶었다. 더 이상 병에 대해 조사하거나, 용감한 척하는 가면을 쓸 여력조차 없었다. 나는 나보다 강력한, 나를 지탱하고 전진하게 할 힘이 필요했다. 다행스럽게도, 그러한 힘을 주시는 분이 계신다. 우리가 통제를 내려놓고 하나님께 손을 뻗을 때, 그분은 모든 것을 가능케 하신다. 이사야 30장은 이 고귀한 진실을 우리에게 일깨운다.

**이사야 30장 18절**
그러나 여호와께서 기다리시나니 이는 너희에게 은혜를 베풀려 하심이요 일어나시리니 이는 너희를 긍휼히 여기려 하심이라 대저 여호와는 정의의 하나님이심이라 그를 기다리는 자마다 복이 있도다.

이 긴 기다림 속에서 나는 드디어 하나님께 의지하게 되었고, 나의 두려움을 그분 앞에 내려놓았다. 검사 결과가 어떻게 나오든, 내가 의지하는 구세주는 누구인지, 내 미래가 어떻게 펼쳐질지는 명확했다. 나에게는 환경이 어떠하든, 항상 나에게 긍휼을 베푸시며 다가오시는 하나님이 계셨다. 그분은 항상 내 곁에 계셔서 나의 부르짖음을 들으시고, 기다림 속에서 위로를 주셨다. 그분만이 주실 수 있는 평안이 내게로 왔다.

감사하게도, 검사 결과는 양성이었고, 결국 아무런 문제도 없다는 사실을 알게 되었다. 주님은 나에게 기다림 속에서 어떠한 결과도 받아들일 수 있도록 마음 준비를 하게 하셨다. 결과가 어떠하든 그분을 의지하고, 그분의 목적을 이해하는 훈련을 시키셨다.

기다림은 항상 즐겁거나 아름답게 느껴지는 것은 아니다. 그러나 이런 시기를 지나야만 우리는 믿음이 무엇인지를 깊이 이해하고, 상황이나 결과에 상관없이 하나님과의 관계에서 성장한다. 우리가 주님을 기다릴 때, 우리는 그분을 의심하지 않고, 그분을 앞서가지 않고 따르는 법을 배우게 된다. 우리는 하나님의 두 손으로 세상에 그려진 아름다움을 발견한다. 오늘, 그분은 당신에게 인내하라며, 그분을 신뢰하라고 말씀하신다. 그분은 당신 곁을 결코 떠나지 않으신다!

# ✦ 27일 ✦

## 내면의 성소 세우기

하나님 아버지, 모든 순간에 선한 아버지가 되어주셔서 감사합니다. 기다림 중에 임하시고 영원한 위로를 주시는 유일한 분이 되어주심에 감사합니다. 나의 믿음이 당신께로부터 올 수 있도록 지나는 모든 시기마다 당신을 더 알기를 간절히 원합니다.
주님, 당신이 필요합니다. 당신의 은혜로 충분합니다. 예수님 이름으로 기도합니다. 아멘.

### ✦ 함께 읽을 본문 • 이사야 30장 19-21절
우리의 하나님은 보호하고 안위하고 모든 순간 함께하시는 분이라는 진리로 용기를 얻길 바란다.

### ✦ 나에게 물어보기
당신은 기다림 중에 주님을 신뢰하는가 아니면 자신의 힘에 기대는가? 하나님이 지금 그리고 앞으로 올 모든 순간에 당신의 힘이 되시도록 그분과 더 친밀한 관계를 맺으려면 어떻게 해야 할까?

# 나는 기도가 필요해

시험에 들지 않게 깨어 기도하라 마음에는 원이로되 육신이 약하도
다 하시고.

마태복음 26장 41절

나의 발걸음이 침대로 향하던 찰나, 베이비 모니터에서 자지러
지게 우는 소리가 들렸다. 세 살배기 애니스턴이 그날 종일 열
이 나서, 이런 일은 어느 정도 예상했다. 그래서 나는 자리에서
뛰쳐나와 딸아이의 방으로 향했다. 방문을 열자, 작고 무력한
아이가 두려움에 찬 눈으로 나를 바라보며 침대에 누워 있었다.
온몸이 뜨거웠고, 토를 해서 침대는 더러웠다.

딸아이를 빠르게 닦아주고, 따뜻한 담요로 싸서 안았다. 그
녀의 작은 몸은 오한으로 떨고 있었고, 기운이 없어 눈도 제대

로 뜨지 못했다. 나는 딸아이의 머리카락을 부드럽게 쓸어주며, "괜찮아. 금방 나을 거야"라고 계속 말해주었다. 그런데 딸아이가 갑자기 나를 바라보며 작은 목소리로 말했다.

"엄마, 나를 위해 기도해주세요."

그 말에 내 가슴이 따뜻해졌다. 나는 바로 그 자리에서 딸아이를 위해 기도했고, 계속해서 팔에 안고 부드럽게 흔들어줬다. 잠시 후, 딸아이의 숨소리가 안정되었고, 그렇게 다시 잠에 들었다.

그 후 며칠 동안, 애니스턴은 바이러스와의 힘겨운 싸움을 이어갔다. 딸아이는 빨리 낫지 않는 것에 그리 실망하지 않았다. 오히려 계속해서 나에게 기도를 부탁했다. 자신의 작은 몸이 즉시 회복되지 않을 것을 알고 있음에도, 기도는 아이에게 희망을 주었다. 육아는 나에게 많은 것을 가르쳐 주었지만, 이번 일은 특히나 내 마음에 깊이 새겨졌다. 세 살짜리 순수한 아이가 기도를 첫 번째 선택으로 삼은 것을 보고, 나는 그런 모습을 본받아야겠다고 결심했다.

가끔 우리는 기도를 마치 마지막 수단처럼 생각하곤 한다. 바쁜 하루를 마치고 나서야 생각나는 것으로, 또는 기도를 통해 응답받을 것이라는 믿음이 없으면 아예 건너뛰기도 한다. 그러나 순수한 아이가 기도를 부탁하는 모습을 보면, 그 순간 우리의 영혼은 찔림을 느낀다.

애니스턴이 보여준 그런 순수함은, 마태복음 6장에서 예수님이 기도에 대해 가르치신 말씀을 떠올리게 한다.

*마태복음 6장 5-8절*

또 너희는 기도할 때 외식하는 자와 같이 하지 말라 그들은 사람에게 보이려고 회당과 큰 거리 어귀에 서서 기도하기를 좋아하느니라 내가 진실로 너희에게 이르노니 그들은 자기 상을 이미 받았느니라 너는 기도할 때 네 골방에 들어가 문을 닫고 은밀한 중에 계신 네 아버지께 기도하라 은밀한 중에 보시는 네 아버지께서 갚으시리라 또 기도할 때 이방인과 같이 중언부언하지 말라 그들은 말을 많이 하여야 들으실 줄 생각하느니라 그러므로 그들을 본받지 말라 구하기 전에 너희에게 있어야 할 것을 하나님 너희 아버지께서 아시느니라.

애니스턴에게 복잡한 기도는 필요 없었다. 그저 누군가 자신을 대신해서 아버지께 도와달라 요청해주길 바랄 뿐이었다. 온 우주의 주인은 그저 이것을 바라신다. 아버지는 우리가 그분께 가까이 다가서고, 우리의 필요를 그분 앞에 두고 의지하길 원하신다. 우리가 원하는 대로, 원하는 시기에 기도 응답을 받지 못할 수도 있다. 하지만 우리가 인내하고 기다리면, 하나님이 그분의 때, 그분의 방식으로 응답하심을 볼 수 있을 것이다.

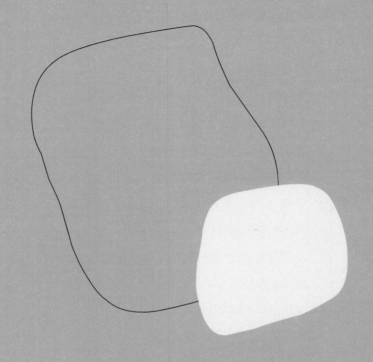

하늘에 계신 우리 아버지여

이름이 거룩히 여김을 받으시오며

.

마태복음 6장 9절

그리고 이 응답은 언제나 우리의 기대를 뛰어넘는다.

마태복음 6장 9-13절에서 예수님은 '주기도문'을 가르치신다. 예수님은 어떻게 기도해야 하는지에 본을 보여주셨다. 그렇다고 이 기도문만 암송해야 한다는 뜻은 아니다. 이것은 우리가 하나님께 기도를 올릴 때 참고할 수 있는 틀을 제공한다.

기도하는 도중에 방향을 잃어버린 느낌이 들 때, 주기도문을 시작점으로 삼아보라. 주기도문은 찬양과 하나님을 하나님으로 인정하는 것으로 시작한다. 그리고 우리는 기도를 통해 우리의 필요를 알리고, 우리의 죄를 회개한다. 마지막으로, 하나님의 뜻에 따라 나아가는 동안 필요한 보호와 지도를 구한다. 기도는 이렇게 단순할 수 있다.

하나님 앞에 나아가려면 모든 것을 완벽하게 해야 한다는 생각은 버려도 좋다. 하나님과 대화를 나누는 데 완벽한 말을 구사할 필요는 없다. 그분은 단지 당신을 원하시고, 당신의 마음속에 있는 이야기를 듣고 싶어 하신다. 그분은 당신의 모든 순간에 함께하시고, 당신이 의지할 수 있는 유일한 분이 되고 싶어 하신다. 당신이 요청하기만 한다면, 그분은 당신의 모든 필요를 채우실 수 있다.

## ✦ 28일 ✦

### 내면의 성소 세우기

하나님 아버지, 언제나 내 삶 속에 변함없이 함께 하셔서 감사합니다. 당신의 음성을 들을 귀를 주시고 당신의 길로 나아갈 수 있기를 기도합니다. 자기 자신에게 의존했던 것을 용서하시고 살아가면서 당신을 닮아갈 수 있도록 인도하여 주옵소서.

주님, 당신이 필요합니다. 당신의 은혜로 충분합니다. 예수님 이름으로 기도합니다. 아멘.

✦ 함께 읽을 본문 • 마태복음 6장 9-13절

찬양으로 시작해서, 간구, 회개 그리고 인도하심을 구하는 것까지, 예수님이 주기도문을 통해 가르치시는 내용을 주목하라.

✦ 나에게 물어보기

기도하는 시간을 얼마나 갖고 있는가? 편하게 그분과 대화를 나누는가? 주기도문을 사용하여 기도 시간을 더욱 풍성하게 만들려면 어떻게 해야 할까?

# 나는 잘 잊어버려

> 곧 여호와의 일들을 기억하며 주께서 옛적에 행하신 기이한 일을 기억하리이다.
>
> 시편 77편 11절

아버지가 돌아가신 지 3개월 동안 나는 다양한 방식으로 애도의 시간을 가졌다. 내내 멍한 느낌이었지만 매 주일 교회에는 나가야 했다. 내 속에서 뭔가 이상하다는 느낌이 들었다. 나사 하나가 빠진 듯한 그 느낌, 이것이 무엇인지는 확실하게 알 수 없었지만, 나의 기도 방식을 통해 그것이 드러났다.

세상은 멈추지 않고 돌아가는 법이다. 매 주일, 나는 미소를 띠며 교회에 나갔다. 그러나 예배 시간이 되면, 나는 예배에 집중할 수 없었다. 주님의 선하심에 대한 말씀을 읽고 찬양하는 소리를 들었지만, 나는 그 안에 들어가지 못했다. 머리로는 이 말씀이 진리라는 것을 알고 있었지만, 마음은 그 안에 있지 않았다. 나는 갈등과 혼란 속에 있었다.

나는 상황에 따라 하나님을 바라보는 방식이 달라졌던 것이다. 내 고통이 마음을 사로잡으면 모든 것이 의심스러워졌다. 슬픔이 다가오자 나는 주님이 행하신 다른 모든 선한 것들을 잊고 자기 연민의 늪에 빠져 살아가는 중이었다.

이런 상황이라면, 당신이 처한 상황에 따라 하나님을 바라보는 시각이 달라질 수 있다. 이런 변화는 모세와 여호수아의 리더십 아래 약속의 땅으로 향하는 이스라엘 백성의 여정에서도 여러 차례 목격된다. 그러나 여호수아서에서, 주님은 그들이 보이는 불신에도 불구하고, 그들에게 변함없는 신실함을 알게 하시려고 새로운 방식으로 나타나신다.

여호수아 3장과 4장에서, 주님은 이스라엘 백성이 요단강을 건널 수 있도록 강을 가르시고, 여호수아에게 백성을 이끌고 강을 건너가라는 명령을 내린다. 이는 백성이 약속의 땅으로 가는 길에서 중요한 사건이다. 그리고 주님은 이스라엘의 각 지파 중 한 사람씩을 택해 돌 하나씩 가져오라고 명령하신다. 이는 주님의 신실함을 상기시키기 위한 중요한 사건으로, 이 사건은 여호수아 4장에 자세히 기록되어 있다.

**여호수아 4장 20-24절**

여호수아가 요단에서 가져온 그 열두 돌을 길갈에 세우고 이스라엘 자손들에게 말하여 이르되 후일에 너희의 자손들이 그들의 아버지에게 묻기를 이 돌들은 무슨 뜻이니이까 하거든 너희는 너희의 자손들에게 알게 하여 이르기를 이스라엘이 마른 땅을 밟고 이 요단을 건넜음이라 너희의 하나님 여호와께서 요단 물을 너희 앞에서 마르게 하사 너희를 건너게 하신 것이 너희의 하나님 여호와께서 우리 앞에 홍해를 말리시고 우리를 건너게 하심과 같았나니 이는 땅의 모든 백성에게 여호와의 손이 강하신 것을 알게 하며 너희가 너희의 하나님 여호와를 항상 경외하게 하려 하심이라 하라.

가는 길에서 어려움을 만날 때마다 이스라엘 백성은 하나님을 의심하고 불평했다. 주님이 여기까지 인도하시며 그들의 삶에 행하신 모든 선한 일에도 불구하고 말이다. 하나님은 그들을 노예 생활에서부터 해방시키시고 약속의 땅으로 인도하셨지만 그들은 이기심에 눈이 멀어 자꾸 잊어버렸다. 그들의 마음은 이미 의심으로 뒤덮였기에 앞에 놓인 문제에만 집중할 수밖에 없었다.

　나 역시 내 슬픔에만 사로잡혀, 하나님이 나를 잊어버리신 건 아닌지 의구심을 가지곤 했다. 그런데 이런 순간, 하나님의 선하심을 찬양하고 그분의 신실함을 떠올리게 하는 나만의 '기억의 돌'을 취해야 한다는 사실을 깨달았다.

3개월 동안 슬픔에 잠겨 있던 내 마음의 벽이 조금씩 무너지기 시작했다. 주일 예배 시간, 나는 조용히 앉아 있었다. 하나님의 신실함을 찬양하는 말씀을 들으며, 눈물이 흘러내렸다. 내 삶에서 하나님의 신실함을 기억하게 하는 돌들을 보며, 그것들을 인정하기 시작했다.

고등학교 시절 죄로 가득하고 목적 없이 달려가던 나를 주님이 끌어올리시어 믿음의 공동체에 어떻게 심어 놓으셨는지를 떠올렸다. 부모님의 이혼 후에 주님이 우리 가족을 어떻게 치유하고 회복시키셨는지, 남편을 예수님을 가르치는 길로 인도하시고, 나에게 복된 결혼생활을 허락하셨는지를 떠올렸다. 그리고 암 선고 전 뜨뜻미지근했던 아빠의 신앙을 주님이 받으시고, 돌아가시기 전에 새로운 마음을 아빠 안에 창조하셔서 주님을 찬양하게 하셨는지를 떠올렸다.

예배가 계속되는 동안, 계속 울었다. 그리고 감사의 마음이 나를 사로잡아, 자기 연민에서 벗어날 수 있게 도와주었다. 주님이 그때도 선하셨고, 지금도 여전히 선하시며, 앞으로도 선하실 것이라는 사실이 새삼 진실로 다가왔다.

우리는 모두 어려운 시기를 겪게 될 것이다. 하지만 그 모든 순간에도 주님이 함께 계신다. 그것은 우리의 선택에 달려 있다. 우리는 진리를 따르며 그분의 선하심을 기억하며 살 것인가, 아니면 실망감에 사로잡혀 살 것인가? 오늘 당신이 느끼는 고통을 숨기려 하지 마라. 고통은 진실이다. 그리고 그 고통을 혼자 이겨내려 하지 마라. 하나님은 과거에도 그러셨고, 오늘도 신실하시다. 그분의 신실함을 기억하라.

## ✦ 29일 ✦

### 내면의 성소 세우기

하나님 아버지, 모든 순간에 신실하신 당신을 찬양합니다. 나를 절대 잊지 않으셨고 앞으로도 잊지 않으실 것을 믿습니다. 고난의 시기에 당신이 행하신 선한 일을 기억하고 그 진리를 붙잡을 수 있게 도와주옵소서. 쉬울 때도 어려울 때도 당신을 신뢰하길 원합니다. 언제나 가까이 함께해주셔서 감사합니다.

주님, 당신이 필요합니다. 당신의 은혜로 충분합니다. 예수님 이름으로 기도합니다. 아멘.

✦ 함께 읽을 본문 · 시편 77편

시편 기자가 어떻게 하나님께 부르짖는지 주목하여 보라. 환난 중에도 그는 주님이 행하신 모든 일을 기억하고 그로 인해 주님께 찬양을 올려 드리기로 선택한다.

✦ 나에게 물어보기

당신의 삶 속에 있는 "기억의 돌"은 무엇인가? 삶이 힘들어질 때, 주님의 신실하심을 기억하려고 할 때 곧바로 떠오르는 것은 무엇인가?

# 나는 또 이 모양이야

하나님이 세상을 이처럼 사랑하사 독생자를 주셨으니 이는 그를 믿
는 자마다 멸망하지 않고 영생을 얻게 하려 하심이라.

요한복음 3장 16절

또 그랬다. 아직 고작 한 시간도 안 된 아침 시간에, 어린 딸아이
에게 또다시 짜증을 냈다. 얼마나 많이 짜증을 냈는지 셀 수도
없었다. 딸아이의 기분은 최악이었고, 그럼에도 우리는 바쁘게
움직여야 했다. 이 둘은 완전히 상극 아닌가!

나는 계속해서 집 안을 돌아다니며 필요한 물건들을 기저
귀 가방에 담았다. 애니스턴이 신발을 신도록 세 번이나 도와주
려 했지만, 딸아이는 "나 혼자 할 거야!"라고 세 번이나 소리쳤
다. 그 사이에 9개월 된 엘리엇은 주방에서 냄비와 프라이팬을

죄다 끄집어내고 있었다.

　마지막으로 간식을 준비하고, 필요한 것을 전부 차에 싣고, 한 번 더 애니스턴을 데려오려 했는데, 아이는 이성을 잃은 듯 신발을 집어던지며 소리를 질렀다. 그 순간이 내 인내심의 끝이었다. 그래서 나도 소리를 질렀다. 그전까지는 소리친 적이 없었다. 스스로에게 소리치지 말라고 다짐했었다. 하지만 그 순간, 나는 소리를 지르고 말았다.

　결국, 우리는 상황을 잠시 진정시키고, 차에 타고 교회로 향했다. 예수님에 대해 배우려고 교회로 가는 길에, 인내심과 이성을 잃고, 미친 듯이 차를 몰고 있었다. 겉으로 보기에는 아주 이상한 광경이었다. 더욱 나쁜 것은, 나도 모르게 남편을 탓하고 있었다는 것이다. 남편은 이미 교회에 있었고, 나 혼자 아이들을 준비시키다 보니 일이 이렇게 된 거라고 생각했기 때문이다. 분명히 은혜로 가득한 순간은 아니었다.

　그러나 이런 순간은 은혜에 대해 생각해보기에 가장 적절한 시간이기도 하다. 나는 사과하기를 좋아하지 않는 편이지만(누가 그럴까?), 아이들이 두세 살 때 나는 어느 때보다 자주 사과했던 것 같다. 감사하게도 아이들은 빨리 '용서해주었고' 빨리 잊어버렸다. 우리의 하나님 아버지도 우리를 이런 식으로 대하신다는 것에 감사함을 느낀다.

　요한복음 3장 16절은 성경에서 가장 잘 알려지고 가장 많이 인용되는 구절 중 하나다. 예수님이 몸소 선포하신 복음을 명확하고 간결하게 한 문장으로 보여주고, 우리를 향한 하나님 아버지의 위대한 사랑을 생생히 기억하게 한다. 이것은 은혜에 대해 알려주는 아름다운 구절이다. 하지만 나는 그 뒤에 따르는 구절들 역시 귀하다고 생각한다.

> 요한복음 3장 17-18절
> 하나님이 그 아들을 세상에 보내신 것은 세상을 심판하려 하심이 아니요 그로 말미암아 세상이 구원을 받게 하려 하심이라 그를 믿는 자는 심판을 받지 아니하는 것이요 믿지 아니하는 자는 하나님의 독생자의 이름을 믿지 아니하므로 벌써 심판을 받은 것이니라.

나는 종종, 우리가 죄를 저지르는 이유가 스스로 하나님의 위대한 사랑을 받을 만한 가치가 없다고 느끼기 때문이라고 생각한다. 하지만 요한복음 3장 17-18절은 나에게 부끄러움이나 부족함을 느끼게 하려고 주님이 오신 것이 아니라, 죄에서 구원하고, 그분을 믿음으로써 우리를 완전히 깨끗하게 해주시려고 오셨다고 명확히 말하고 있다.

믿음, 그것만이 유일한 조건이다. 일정 기간 열심히 노력하거나 잘해야 할 필요는 없다. 진실은 우리가 이 은혜를 얻기 위

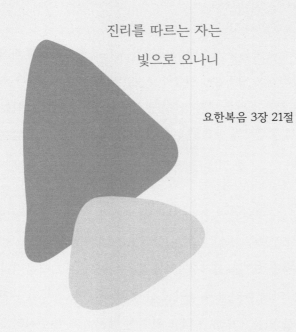

진리를 따르는 자는
빛으로 오나니

요한복음 3장 21절

해 할 수 있는 것이 없음에도 불구하고, 하나님이 그것을 값없이 주셨다는 것이다.

나는 엄마로서의 죄책감, 아내로서의 죄책감, 친구로서의 죄책감 그리고 내가 저지른 모든 실수에 대한 죄책감에 빠져들 때가 많다. 다른 사람에게 보이는 내 모습이나 자신에 대해 부끄러워 하나님께로부터 나를 숨기고 싶을 때도 있다. 망쳐 놓은 것을 주님 앞에 가져가기보다는 창피함을 감수하며 살아가는 것이 더 쉬워 보일 때도 있다.

그런데 하나님은 언제나 이런 나를 용서해주신다. 하나님은 나의 과거를 들춰내 나를 정죄하지 않으시며, 내가 모든 실수를 바로잡을 때까지 기다리지도 않으신다. 그저 나를 용서해주신다. 그리고 그분의 사랑도 함께 주신다.

오늘 모든 것을 다 잘 해내야 할 필요는 없다. 실수해도 괜찮다. 하나님은 당신을 정죄하러 오지 않으셨다. 당신을 구원하러 오셨다. 지금 이 은혜를 받아들이길 바란다!

## ✦ 30일 ✦

### 내면의 성소 세우기

하나님 아버지, 당신의 아들 예수님을 통해 우리가 받은 무조건적인 은혜에 감사드립니다. 그 은혜를 받기 위해 내가 할 수 있는 것은 아무것도 없지만 그럼에도 항상 누릴 수 있게 해주셔서 감사합니다. 원수는 내가 정죄감 속에 살기를 원하지만 항상 나를 위해 넘치도록 채우시는 은혜를 깨달을 수 있길 기도합니다.

주님, 당신이 필요합니다. 당신의 은혜로 충분합니다. 예수님 이름으로 기도합니다. 아멘.

✦ 함께 읽을 본문 · 요한복음 3장 1-21절

그리스도 안에서 거듭난다는 것에 대해 예수님이 니고데모에게 가르치시는 내용 전체를 주목하여 보라.

✦ 나에게 물어보기

당신의 죄가 말끔히 지워지고 그리스도 안에서 새 피조물이 된 것을 믿는가? 과거에 저지른 실수들 때문에 여전히 수치심 속에 살아가고 있는가? 어떻게 오늘 당신을 위해 그리스도가 비추시는 빛 가운데로 나아갈 수 있겠는가?

나는 어릴 적부터 수없이 많은 악몽에 시달렸습니다. 항상 나타나는 것은 아니었지만, 한 번이라도 찾아오면 그 무서움은 피할 수 없었습니다. 악몽을 꾸면 나는 소리를 질렀고, 그러면 부모님은 나를 달래주었습니다. 이런 악몽은 성장 과정 내내 따라다니며, 심지어 고등학교 때까지도 나를 괴롭혔습니다. 아직도 부모님에게 나를 진정시켜달라고, 부탁할 때의 순간들이 생생히 기억이 납니다.

대학생 시절이 가장 힘들었습니다. 혼자 기숙사에서 생활하면서 불안감이 나를 괴롭혔습니다. 도움을 줄 수 있는 사람이 아무도 없었기 때문에, 두려움에 휩싸여 밤새도록 불안해했습니다. 나는 외로움을 느끼며 현실과 꿈 사이에서 헤매었습니다. 결혼 후 몇 년 동안에도 이 문제는 나에게 큰 고통이었고, 남편은 나를 이 두려움으로부터 보호하는 역할을 해주었습니다. 때때로 나는 공황 상태에서 잠에서 깼고 그러면 남편은 모든 것이 꿈이니 안심하라고 말해주었습니다.

그렇습니다. 나는 두려움에 빠졌을 때 나를 도와줄 누군가가 필요했던 겁니다. 당신은 이런 상태를 그저 별것 아닌 문제로 생각할 수도 있습니다. 마찬가지로 당신의 불안과 불안정함은 다른 사람에게는 이해가 가지 않을 수도 있습니다. 당신의 고통과 두려움은 실제이지만, 사람들은 그것을 이해하지 못하는 것이지요.

악몽을 꾼 나에게 진실을 들려줄 누군가가 필요했듯, 예수님은 당신에게 진실을 알려주시고자 여기 계십니다. 당신의 영혼을 진심으로 꿰뚫고 가장 깊은 곳을 이해하고, 당신이 믿고 있던 거짓에 맞서는 진실을 말해줄 유일한 분입니다.

그분은 당신의 옛 자아를 가져가서 새롭게 만드시며, 당신의 수치심을 닦아 내고 깨끗하게 하십니다. 어떤 불안이나 불확실함 속에서도 당신의 곁을 지키십니다.

주님은 당신을 위해 오셨고, 당신을 사랑하십니다. 지금, 주님의 은혜를 받아들이고, 그분의 진리를 믿으며, 빛 가운데 서기를 주님의 이름으로 축복합니다.

이 묵상집에 담긴 이야기들로 당신이 자신을 깊이 이해하고, 자신만의 진실을 발견하고, 당신의 모든 것 되시는 예수님을 만나게 되길 바랍니다.


골로새서 1장 21-23절
전에 악한 행실로 멀리 떠나 마음으로 원수가 되었던 너희를 이제는 그의 육체의 죽음으로 말미암아 화목하게 하사 너희를 거룩하고 흠 없고 책망할 것이 없는 자로 그 앞에 세우고자 하셨으니 만일 너희가 믿음에 거하고 터 위에 굳게 서서 너희 들은 바 복음의 소망에서 흔들리지 아니하면 그리하리라 이 복음은 천하 만민에게 전파된 바요 나 바울은 이 복음의 일꾼이 되었노라.

✦

감사의 말

남편 마일즈에게. 나의 가장 소중한 동반자이자, 나의 지식의
바다. 내가 자기만의 목소리를 낼 수 있게 용기를 주며, 격려해
준 고마운 사람. 당신은 나를 더 나은 인간으로 성장시키는 힘
입니다. 당신과 함께 예수님을 따르는 것은 내가 가장 즐거워하
는 모험입니다.

사랑하는 아빠에게. 당신의 삶은 내게 무엇이든 할 수 있다
는 자신감을 심어주었습니다. 당신의 부재를 통해 나는 하나님
의 사랑을 더 깊게 이해하게 되었고, 힘든 삶을 어떻게 살아가
야 하는지를 배웠습니다.

사랑하는 엄마에게. 당신은 이 모든 과정을 거치는 동안 나
의 가장 큰 지지자, 가장 친한 친구이자 비밀을 나눌 수 있는 친
구였습니다. 당신의 응원은 나에게 큰 힘이 되어, 나를 용감하
게 만들어주었습니다.

오번 커뮤니티 처치 지체들에게. 여러분은 교회와 가정이
벽으로 이루어진 것이 아니라, 사람이 만들어 나가는 공동체라
는 것을 가르쳐주었습니다. 한 몸으로 교회를 이루게 되어 진심

으로 고맙습니다. 우리 가족은 여러분의 사랑으로 특별한 축복을 받았습니다.

편집자 린지에게. 당신은 나를 더 나은 작가로 성장하는 데 크게 도움을 주었고, 나의 글쓰기 방식을 완전히 바꿔놓았습니다. 당신은 나에게 내면의 소리를 듣고 나만의 이유를 찾는 법을 가르쳐주었고, 그것을 대중 독자에게 가닿기 좋은 격려의 목소리로 바꾸어주었습니다. 당신은 나의 글에 생명을 불어넣어주었고, 이 모든 과정을 함께한 진정한 친구였습니다. 이 여정을 함께하고 싶은 사람은 당신뿐입니다!

페이지 테이트 출판사(Paige Tate & Co.). 내가 필요로 했던 믿음을 나에게 심어주었고, 나조차 몰랐던 나의 잠재력을 발굴해주었습니다. 내 꿈을 현실로 만들어주었습니다. 이런 기회를 잡을 수 있도록 용기를 내주셔서 감사합니다. 이렇게 뛰어나고 재능 있는 팀과 함께 작업할 수 있어서 큰 영광이었습니다.

국제제자훈련원은 건강한 교회를 꿈꾸는 목회의 동반자로서 제자 삼는 사역을 중심으로 성경적 목회 모델을 제시함으로 세계 교회를 섬기는 전문 사역 기관입니다.

감정의 틈, 은혜의 빛

**1판 1쇄 인쇄** 2024년 3월 13일
**1판 1쇄 발행** 2024년 3월 20일

**지은이** 코트니 피델
**옮긴이** 권명지

**펴낸이** 오정현
**펴낸곳** 국제제자훈련원
**등록번호** 제2013-000170호(2013년 9월 25일)
**주소** 서울시 서초구 효령로68길 98(서초동)
**전화** 02)3489-4300  **팩스** 02)3489-4329
**이메일** dmipress@sarang.org

ISBN 978-89-5731-896-6

※ 이 책의 본문은 을유1945 서체를 사용했습니다.
※ 책값은 뒤표지에 있습니다. 잘못된 책은 구입하신 곳에서 교환해드립니다.